KLASSIKER STATT LANGEWEILE

erstellt von
IL CARTAVOLANTE

SHERLOCK HOLMES

ARTHUR CONAN DOYLE

whitestar·

Willkommen!

Wie jeder Leser weiß, ist ein Buch das Tor zu einer neuen, unbekannten Welt: eine Reise in ferne Länder, in vergangene Zeiten oder in eine ungewisse Zukunft. Wer in einem Buch blättert, überschreitet eine Schwelle und begibt sich auf eine lange Reise, an deren Ende er unweigerlich ein anderer Mensch ist. Ein Gewinn an Fantasie und Wissen, der bereichert, anregt und hilft, sich selbst besser kennenzulernen.

Aber was wäre, wenn du statt einer imaginären Reise die Abenteuer, von denen ein Buch erzählt, selbst erleben könntest? Was, wenn du durch die Seiten von Arthur Conan Doyle blätterst und dich plötzlich als unfehlbarer Privatdetektiv oder als sein treuer Begleiter im viktorianischen London wiederfändest? Wärst du in der Lage, sogar die unbedeutendsten Details an einem Tatort zu erkennen, und könntest du aus einem Fleck auf einem Hemd die Geschichte einer Person herauslesen? Könntest du mit deinem Einfallsreichtum die klugen Köpfe von Scotland Yard übertrumpfen?

Auch wenn du glaubst, alle Abenteuer von Sherlock Holmes zu kennen – werden diese Kenntnisse dich vor den endlosen Gefahren und Widersprüchen dieser Epoche des Wandels und der Neuerungen schützen können? Teste dein Wissen über eine der berühmtesten und beliebtesten Figuren der Literatur, ihren erstaunlichen Autor und dessen Welt. Wir statten dich mit allem aus, was du brauchst, um dich auf diese außergewöhnliche Reise zu begeben.

ARTHUR CONAN DOYLE

Zehn Fakten über
ARTHUR CONAN DOYLE

Ein Fakt ist falsch. Findest du ihn?

1 Arthur Conan Doyle wird 1859 als zweites von zehn Kindern in Edinburgh geboren. Seine Mutter ist eine gebildete Frau, sein Vater ein bekannter Illustrator.

2 Der Vater, ein introvertierter und unzufriedener Mann, ist Alkoholiker und wird in ein Pflegeheim eingewiesen, als Doyle noch klein ist. Viele Jahre später stirbt er in einem Heim.

3 Doyle studiert eher lustlos Medizin und ergreift zwischendurch die sich ihm bietende Gelegenheit, auf einem Walfänger in Richtung Nordpol anzuheuern.

4 Er gründet eine Arztpraxis, die aber nur mühsam in Gang kommt. Mit Kurzgeschichten, die er in Zeitschriften veröffentlicht, hält er sich finanziell über Wasser. Erst als er sich auf Augenheilkunde spezialisiert, kann sich seine Praxis etablieren.

5 Sein literarischer Ruhm wächst langsam, bis ihm mit Sherlock Holmes schließlich der Durchbruch gelingt.

6 Durch die Begeisterung seiner Leser fast dazu gezwungen, schreibt er vier Romane und zahlreiche Kurzgeschichten. In einer davon tötet er Sherlock Holmes, muss ihn aber auf Drängen der Verleger und des Publikums einige Jahre später wieder auferstehen lassen.

7 Er mag die Figur des Holmes nicht und hält seine historischen Romane und Bücher über Spiritismus für seine besten Werke.

8 Doyle ist ein glühender Verfechter des Spiritismus, den er für die größte Entdeckung seiner Zeit und einen grundlegenden Schritt in der Entwicklung der Menschheit hält.

9 Im Laufe seines Lebens verfasst er zahlreiche Reise- und Kriegsberichte, beschäftigt sich mit politischen und sozialen Themen und versucht zweimal, ins Parlament gewählt zu werden.

10 Er stirbt 1930 im Alter von 71 Jahren an einem Herzinfarkt.

Die „Baker Street Irregulars"

Schon bei den ersten Publikationen hatten die Leser der Abenteuer von Sherlock Holmes und seinem treuen Begleiter Watson Schwierigkeiten, Fakten von Fiktion zu trennen. Sie schickten Briefe an die Adresse 221b Baker Street (die damals noch nicht existierte, heute aber das Sherlock-Holmes-Museum beherbergt), und baten den Detektiv um Rat bei der Lösung ihrer eigenen Probleme mit dem Gesetz oder um ein Autogramm. Der Autor selbst wurde mehr als einmal als falscher Detektiv in Kriminalfälle verwickelt, manchmal sogar auf Bitten der Polizei selbst, wie im Fall des plötzlichen Verschwindens von Agatha Christie.

Die „Baker Street Irregulars" wurden 1934 gegründet und können als der erste echte literarische Fanclub der Geschichte bezeichnet werden. Die Mitglieder treffen sich regelmäßig, um das Erbe von Sherlock Holmes und seines Schöpfers zu feiern und zu bewahren.

Jeder nimmt am *Großen Spiel* teil und stürzt sich in (oft gewagte) Spekulationen und Analysen, um scheinbare Lücken oder Widersprüche in Sherlocks Welt zu erklären.

Genau auf dieser Vermischung von Realität und Fiktion gründet sich die Gesellschaft der „Baker Street Irregulars": eine Gruppe begeisterter Fans des englischen Detektivs, die sich der Idee einer Pseudorealität verschrieben haben, in der Holmes und Dr. Watson tatsächlich existierten und Doyle ihr literarischer Agent war.

Wie wird man aufgenommen?

Um Mitglied zu werden, musste man anfangs ein Kreuzworträtsel über Sherlock lösen, um seine Kompetenz auf diesem Gebiet zu beweisen. Heute wird man ausschließlich aufgrund seiner Verdienste ausgewählt oder eingeladen. Bedauerlicherweise wurden die ersten Frauen erst 1991 aufgenommen.
Berühmte Mitglieder waren Franklin Delano Roosevelt, Harry S. Truman, Rex Stout, Isaac Asimov und Neil Gaiman.

Sherlockianische Namen

Jedes Mitglied der „Baker Street Irregulars" hat einen sherlockianischen Namen. Für deinen Namen nimmst du den Vornamen (männlich oder weiblich) entsprechend deines Geburts-Tages aus den ersten beiden Listen, den Nachnamen entsprechend deines Geburts-Monats aus der dritten Liste. Den Anfangsbuchstaben deines zweiten Vornamens wählst du aus der Liste der Namen, die du noch nicht benutzt hast, und zwar wieder nach deinem Geburts-Tag.

männlich	weiblich	Nachnamen
1. Mycroft	1. Beryl	1. Holmes
2. Tobias	2. Eliza	2. Watson
3. Enoch	3. Mary	3. Hudson
4. Jefferson	4. Ettie	4. Moriarty
5. Hugo	5. Irene	5. Gregson
6. Selden	6. Eva	6. Lestrade
7. Athelney	7. Hilda	7. Adler
8. Thaddeus	8. Edith	8. Moran
9. Bartholomew	9. Effie	9. Baskerville
10. James	10. Sarah	10. Wiggins
11. Augustus	11. Violet	11. Jones
12. Stanley	12. Helen	12. Morstan
13. Ronald	13. Hatty	
14. Sebastian	14. Clotilde	
15. Eustace	15. Honoria	
16. Fritz	16. Isa	
17. Leslie	17. Grace	
18. John	18. Kitty	
19. Grimesby	19. Isadora	
20. Jephro	20. Dolores	
21. Aloysius	21. Emilia	
22. Neville	22. Nancy	
23. Adelbert	23. Susan	
24. Fitzroy	24. Anna	
25. Langdale	25. Laura	
26. Codogan	26. Victoria	
27. Moore	27. Annie	
28. Mortimer	28. Agatha	
29. Culverton	29. Ettie	
30. Godfrey	30. Irene	
31. Grant	31. Honoria	

Um dein Wissen zu testen, beginnen wir mit den bekanntesten Fällen des englischen Detektivs, wie sie in seinen vier Romanen erzählt werden. Sie erschienen damals als Fortsetzungsromane in Zeitschriften.

Graben	Perlen-diadem	Mormonen

Zigarrenasche	Verlassenes Fahrrad

Das Tal der Angst

DER HUND VON BASKERVILLE

RACHE	Aneurysma	Kreosot

Grande Palude	Dreieck in einem Kreis

Wir haben einige Gegenstände, Orte und Hinweise aus den Romanen ausgewählt. Verbinde sie durch Pfeile mit den zugehörigen Romanen.

Blasrohr	Erbe	Moor

Freimaurer	Vergifteter Stachel

EINE STUDIE IN SCHARLACHROT

DAS ZEICHEN DER VIER

Dampfschiff	Fluch	Entflohener Verbrecher

Abgesägte Flinte	Pillendose

Beobachtungsspiel

Wenn du an einer Ermittlung von Sherlock Holmes beteiligt wärst, wäre eine scharfe Beobachtungsgabe sicher sehr hilfreich. Nimm dir 30 Sekunden Zeit, um diese 20 Gegenstände zu betrachten, dann blättere weiter und versuche, dich an so viele wie möglich zu erinnern.

Detektivgeschichten

Vor 1800 liebte das Publikum vor allem Geschichten über Verbrecher, die als romantische Helden dargestellt wurden. Dann verlagerte sich der Schwerpunkt mit der Ausdehnung der Städte und dem Anstieg der Kriminalität auf die Strafverfolgung. Das viktorianische England war plötzlich gierig nach sensationellen Kriminalgeschichten und machte die *Penny Dreadfuls* populär, Geschichten von geringem literarischen Wert, die den Leser einfach nur schockieren sollten. Erst 1841, als Edgar Allan Poe seinen Detektiv C. Auguste Dupin schuf, nahm die moderne Detektivgeschichte Gestalt an.

Bist heute ist die Liste der Detektive, deren Fälle die Entwicklung des Genres geprägt haben, immer länger geworden. Kannst du einige von ihnen mit ihren Autoren in Verbindung bringen?

1.	Miss Marple	A.	Michael Connelly
2.	Montalbano	B.	Wilkie Collins
3.	Nero Wolfe	C.	Raymond Chandler
4.	Seargeant Cuff	D.	Dorothy L. Sayers
5.	Commissario Ricciardi	E.	Maurizio De Giovanni
6.	Detective Bosch	F.	Charles Dickens
7.	Harry Hole	G.	Agatha Christie
8.	Inspector Bucket	H.	Émile Gaboriau
9.	Kommissar Maigret	I.	Algernon Blackwood
10.	Philip Marlowe	J.	Jo Nesbø
11.	John Silence	K.	Georges Simenon
12.	Peter Wimsey	L.	Andrea Camilleri
13.	Lecoq	M.	Rex Stout

Was weißt du über Sherlock Holmes?

Jetzt wird es ernst mit der wohl bekanntesten Figur der Weltliteratur. Bist du bereit, dein Wissen über den unfehlbaren Privatdetektiv unter Beweis zu stellen? Entscheide, welche der folgenden Aussagen wahr und welche falsch sind.

		W	F
1.	Sherlock ist ein erfahrener Boxer.	❏	❏
2.	Seine Lieblingsdroge ist das Opium.	❏	❏
3.	Er ist ein großer Trinker.	❏	❏
4.	Er hat einen Studienfreund namens Trevor.	❏	❏
5.	Er ist ein sehr ordentlicher Mensch.	❏	❏
6.	Er steht morgens gerne früh auf.	❏	❏
7.	Er ist ein hervorragender Fechter.	❏	❏
8.	Er weiß alles über Astronomie.	❏	❏
9.	Er kennt sich gut mit Philosophie aus.	❏	❏
10.	Er verbrachte ein paar Tage mit dem Dalai Lama.	❏	❏
11.	Er war drei Jahre scheintot.	❏	❏
12.	Er beherrscht Jiu Jitsu.	❏	❏
13.	Er war ein Mal verheiratet.	❏	❏
14.	In der Erzählung *Sein letzter Streich* ist Sherlock 60 Jahre alt.	❏	❏
15.	Er wurde einmal vom Papst mit einem Fall betraut.	❏	❏

Wörterpuzzle

Trainiere deine Beobachtungsgabe und suche nach den Namen und Orten rund um Sherlock aus der untenstehenden Liste in diesem Buchstabenquadrat. Sie können in alle Richtungen geschrieben sein, auch diagonal, können sich kreuzen und überlappen.

```
X S B A S K E R V I L L E V
U T S D N H O P K I N S I S
G E B P O I N G M Y B O T E
U E N O S G E R G M J U D M
M R D M D E L N O S T A W L
A T O P U J B R E N A T E O
R S Y E H W I E T T H S G H
Y R L Y S A W F D I T O H K
M E E F R K O R O R X X J C
O K Q T M R O U A I E H L O
R A Y E C J V D J O N E S L
S B Z Y I R E N E A D L E R
T B M D I O G I N E S J U E
A S C O T L A N D Y A R D H
N A R T H U R C O N A N I S
```

WATSON	BASKERVILLE	SCOTLANDYARD	JONES
SHERLOCKHOLMES	MARYMORSTAN	HOPKINS	POMPEY
MORIARTY	BAKERSTREET	IRENEADLER	JOHN
MYCROFT	LESTRADE	TOBY	ARTHURCONAN
MRSHUDSON	GREGSON	DIOGINES	DOYLE

Die Drogen

Schon im ersten Roman, *Eine Studie in Scharlachrot,* wird deutlich, dass Sherlock Holmes Drogen nimmt, um dem langweiligen Alltag zu entfliehen, oder vielmehr, um die unvermeidlichen Durststrecken zwischen seinen Fällen zu überbrücken. Im viktorianischen Zeitalter (vor allem in der High Society) war Drogenkonsum ziemlich weit verbreitet. Er wurde erst später stigmatisiert. Bei unseren Helden wird Watson Sherlock später von seiner Sucht heilen.

Da du auf alles vorbereitet sein musst, findest du hier einen kleinen Test, um herauszufinden, wie gut du dich mit Drogen auskennst:

		W	F
1.	Samuel Taylor Coleridge schrieb *Die Bekenntnisse eines Opiumessers.*	❏	❏
2.	Die Erfindung der Injektionsnadel geht auf das Jahr 1840 zurück.	❏	❏
3.	Sherlock Holmes konsumiert die Droge Laudanum.	❏	❏
4.	Die Laudanumverpackung musste mit dem Wort „Gift" gekennzeichnet sein.	❏	❏
5.	Eine Vielzahl von Drogen waren in der viktorianischen Epoche legal.	❏	❏
6.	Viele Menschen waren opiumsüchtig und nahmen es als Selbstmedikation, um die Müdigkeit zu bekämpfen.	❏	❏
7.	Die ersten Drogengesetzt wurden 1910 verabschiedet.	❏	❏
8.	Opium wird als „das Aspirin der 19. Jahrhunderts" bezeichnet.	❏	❏
9.	Man brauchte ein Rezept, um Opium in der Apotheke zu kaufen.	❏	❏
10.	Laudanum war ziemlich teuer.	❏	❏
11.	Unter den Wohlhabenden konsumierten mehr Männer als Frauen Drogen.	❏	❏

Zeugnis für Sherlock

Obwohl sein Gedächtnis grenzenlos zu sein scheint, muss Holmes eine gewisse geistige Disziplin aufrechterhalten, damit die wichtigen Informationen nicht in den unwichtigen untergehen. Bewerte seine Leistungen in den verschiedenen Disziplinen durch Ausmalen der Punkte.

Literatur

Geologie

Skandal-
literatur

Fechten und
Boxen

Politik

Anatomie

Botanik

Philosophie

Astronomie

Englisches
Recht

Chemie

Geige

Die Zeugen

Sherlock Holmes' eiserne Logik ist sicherlich eine seiner besten Eigenschaften als Detektiv. Jetzt ist es an der Zeit, deine logischen Fähigkeiten auf die Probe zu stellen. Kannst du das folgende Rätsel lösen?

Mit einem verschmitzten Lächeln ist Sherlock Holmes bereit für den nächsten Schritt. Als Watson ihn fragt, wohin sie gehen sollen, bittet Sherlock ihn, Lestrades Notizen über die Aussagen von vier Zeugen, die den Mörder entkommen sahen, zu analysieren. Kannst du Watson helfen, herauszufinden, wo der Mörder wirklich war? Beachte dabei, dass nur **ein Zeuge zuverlässig ist und die Wahrheit sagt,** während alle anderen lügen.

> *Zeuge am Bahnhof: Ich habe den Mörder auf der Brücke oder vor dem Theater gesehen.*
> *Zeuge an der Brücke: Ich habe den Mörder am Bahnhof oder am Circus gesehen.*
> *Zeuge am Theater: Ich habe den Mörder genau hier gesehen.*
> *Zeuge am Circus: Ich habe den Mörder hier nicht gesehen.*

Tipp: Überlege, wo der Mörder nicht sein kann. Du kannst eine Tabelle erstellen, die dir hilft, das Rätsel zu lösen.

Viktorianische Gifte

Im viktorianischen Zeitalter sind nicht nur Drogen, sondern auch Gifte weit verbreitet. Aufgrund geringer Kenntnisse und einer unwissenschaftlichen Herangehensweise ist die Vorstellung darüber, welche Substanzen für den Körper nützlich oder schädlich sind, noch recht nebulös. So kann man schnell an einer Vergiftung sterben. Damit du auf der sicheren Seite bist, wollen wir mit dem folgenden Test dein Wissen über viktorianische Gifte überprüfen:

W F

1. Arsen wird für die rote Farbe in Tapeten verwendet. ❏ ❏

2. Die berüchtigte Christiana Edmund vergiftet ihre Liebesrivalin mit Strychnin in einem Kuchen. ❏ ❏

3. Viele Lebensmittel werden mit Chemikalien gepanscht, damit sie besser aussehen. ❏ ❏

4. Borsäure wird verwendet, um Milch länger haltbar zu machen und ihren Geschmack zu verbessern. ❏ ❏

5. Strychnin stammt aus den Blättern einer tropischen Pflanze. ❏ ❏

6. Gifte sind sehr teuer. ❏ ❏

7. Die meisten Todesfälle durch Vergiftung sind ungewollte Unfälle. ❏ ❏

8. Bleichromat wird zum Färben von Kuchen verwendet. ❏ ❏

9. Arsen wird aus Blei und Kupfer gewonnen. ❏ ❏

10. Morphin ist in Mohnsaft enthalten. ❏ ❏

11. Dem Brotmehl zugesetzter Gips ist giftig. ❏ ❏

12. Im Jahr 1858 wurden mehr als 200 Menschen durch Minzbonbons vergiftet, in denen irrtümlich Arsen mit Zucker vermischt worden war. ❏ ❏

13. Zyanid kann zur Konservierung in Teeblättern enthalten sein. ❏ ❏

Selbsterkenntnis

Wer wärest du, wenn du nicht Sherlock oder Watson, sondern eine Nebenfigur wärest? Finde es mit diesem Test heraus.

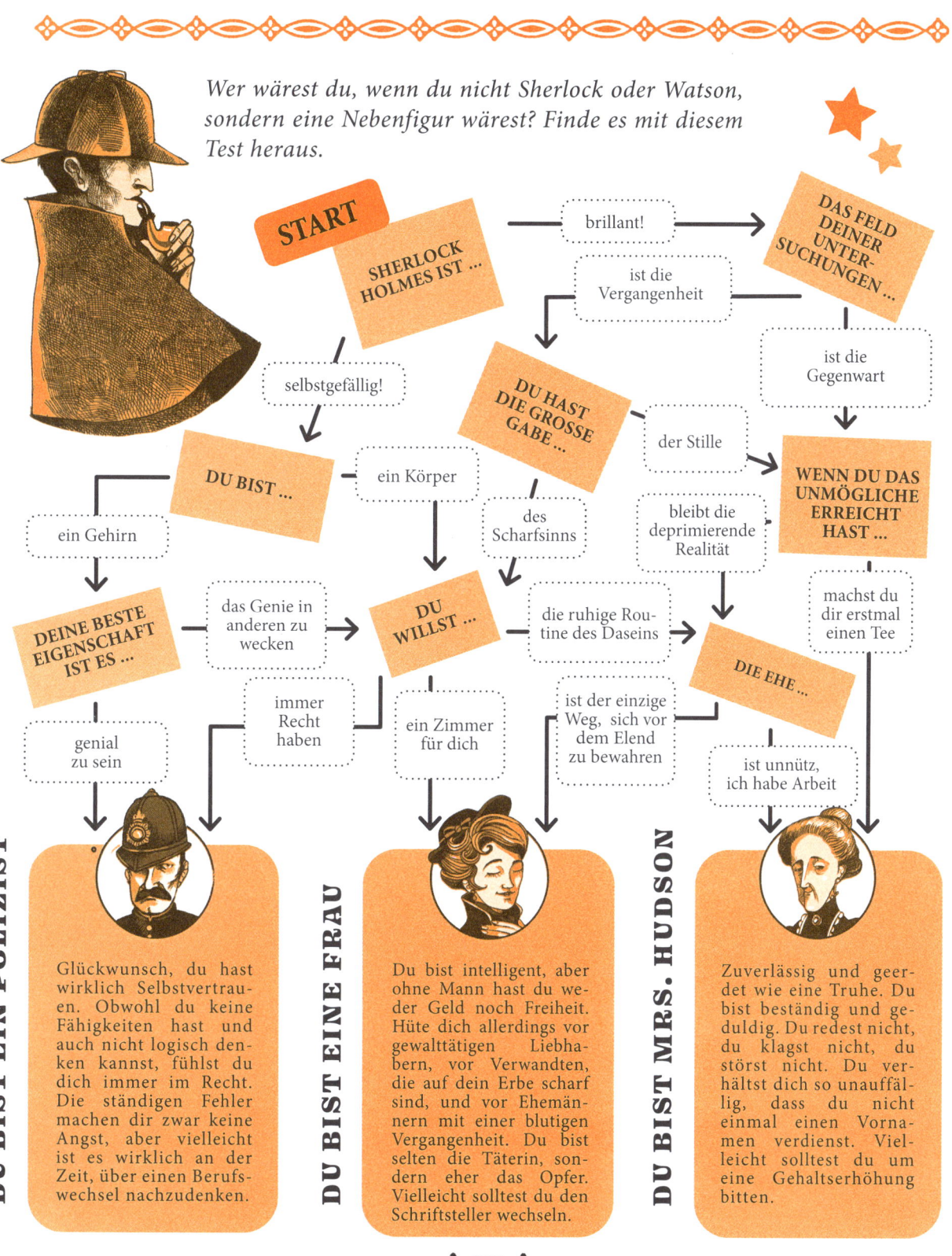

START

SHERLOCK HOLMES IST …

brillant! → DAS FELD DEINER UNTERSUCHUNGEN …

ist die Vergangenheit

ist die Gegenwart

selbstgefällig!

DU BIST …

ein Körper

DU HAST DIE GROSSE GABE …

der Stille

des Scharfsinns

WENN DU DAS UNMÖGLICHE ERREICHT HAST …

ein Gehirn

bleibt die deprimierende Realität

DEINE BESTE EIGENSCHAFT IST ES …

das Genie in anderen zu wecken

DU WILLST …

die ruhige Routine des Daseins

machst du dir erstmal einen Tee

immer Recht haben

ein Zimmer für dich

ist der einzige Weg, sich vor dem Elend zu bewahren

DIE EHE …

genial zu sein

ist unnütz, ich habe Arbeit

DU BIST EIN POLIZIST

Glückwunsch, du hast wirklich Selbstvertrauen. Obwohl du keine Fähigkeiten hast und auch nicht logisch denken kannst, fühlst du dich immer im Recht. Die ständigen Fehler machen dir zwar keine Angst, aber vielleicht ist es wirklich an der Zeit, über einen Berufswechsel nachzudenken.

DU BIST EINE FRAU

Du bist intelligent, aber ohne Mann hast du weder Geld noch Freiheit. Hüte dich allerdings vor gewalttätigen Liebhabern, vor Verwandten, die auf dein Erbe scharf sind, und vor Ehemännern mit einer blutigen Vergangenheit. Du bist selten die Täterin, sondern eher das Opfer. Vielleicht solltest du den Schriftsteller wechseln.

DU BIST MRS. HUDSON

Zuverlässig und geerdet wie eine Truhe. Du bist beständig und geduldig. Du redest nicht, du klagst nicht, du störst nicht. Du verhältst dich so unauffällig, dass du nicht einmal einen Vornamen verdienst. Vielleicht solltest du um eine Gehaltserhöhung bitten.

Zehn Fakten über den
SPIRITISMUS

Ein Fakt ist falsch. Findest du ihn?

1 Spiritismus ist der Glaube, dass der Geist eines Menschen den Tod überlebt und mit den Lebenden kommunizieren kann.

2 Der moderne Spiritismus verbreitetete sich zuerst in den USA und dann in Europa durch die beiden Schwestern Kate und Margaret Fox. Sie behaupteten, dass in ihrem Haus Geister mit ihnen durch unerklärliche Klänge und Geräusche kommunizierten. Im Laufe der Jahre wurden die beiden Mädchen zu berühmten Medien.

3 Ektoplasma wird als eine zähflüssige oder schaumige Substanz beschrieben, die während einer Sitzung aus dem Körper des Mediums austritt und es Geistern ermöglicht, sich körperlich zu manifestieren.

4 Der Spiritismus, der oft als Frauensache betrachtet wird, ermöglicht es den Medien, in der viktorianischen Gesellschaft eine wichtige Rolle zu spielen, die sie sonst nicht gehabt hätten.

5 Ein Medium veröffentlicht 1917 einen Roman, den ihr der verstorbene James Joyce über ein Ouija-Board vollständig diktiert hat.

6 Daniel Dunglas Home ist einer der bekanntesten Spiritisten. Bei seinen Sitzungen kann man klassische Tischbewegungen, das Erscheinen von „Geisterhänden" und Musikinstrumente, die von alleine spielen, beobachten. Man sieht das Medium mit brennenden Kohlen hantieren, den Raum erbeben und Gegenstände schweben lassen.

7 Als Reaktion auf die vielen Berichte über Geisteraktivitäten und das Aufkommen der Medien wurde 1882 die Gesellschaft für Psychische Forschung gegründet, um übernatürliche Phänomene wissenschaftlich zu untersuchen.

8 Der ideomotorische Effekt, die Vorstellung, dass der Gedanke an eine Handlung deren motorische Ausführung auch ohne bewusste Absicht auslösen kann, wird zur Erklärung herangezogen.

9 Selbst Erfinder wie Nikola Tesla und Thomas Edison dachten über Geisterradios und -telefone nach und waren überrascht von den körperlosen Stimmen, die sie bei ihren Experimenten hörten.

10 Einige Medien behaupten, dass sie das Bild eines Geistes fotografieren könnten.

Regeln einer Séance

Wenn du wie Arthur Conan Doyle an einer Séance teilnimmst (oder sie ausrichtest), gibt es Regeln, die du beachten solltest. Aber Vorsicht, eine von ihnen ist falsch. Welche?

Die Teilnehmenden sitzen im Kreis um einen runden Holztisch, die Hände liegen geöffnet mit den Handflächen nach unten auf der Tischplatte (die Teilnehmer können sich auch an den Händen fassen).

Der Raum sollte in Rot gehalten sein, um die Kommunikation mit dem Jenseits zu erleichtern. Das Licht sollte gedämpft sein.

Das Medium muss seine Füße in ein Becken mit kaltem Wasser tauchen, um die Kontaktaufnahme zu erleichtern.

Die Spiritisten teilen die Menschen in positiv (meist Männer) und negativ (meist Frauen) ein. Positive und negative Menschen müssen sich am Tisch abwechseln, um ein Gleichgewicht zu schaffen.

Zu Beginn der Sitzung wird eine Kerze angezündet und es werden Anrufungen oder Gebete gesprochen.

Das Medium zieht sich in einen Raum oder Schrank zurück, um dann vom Geist des Verstorbenen in ektoplasmatischer Form „besessen" wieder aufzutauchen.

Wenn sich das Medium in diesem Zustand befindet, sollte niemand Licht anmachen oder es berühren. Der Schock könnte seinen Tod verursachen.

Der Geist kann sich auch manifestieren, indem er eine Botschaft schreibt (mit einem Stift, den die Teilnehmenden gemeinsam bewegen), Geräusche macht oder Gegenstände wie den Tisch schweben lässt.

Um die Sitzung zu beenden, wird die Kerze ausgeblasen.

Sudoku

Um dein Gehirn zu trainieren, schlagen wir dir Sudokus vor. Die Quadrate müssen mit den Ziffern 1 bis 9 ausgefüllt werden. In jeder Zeile, jeder Spalte und jedem Quadrat (3 x 3 Kästchen) dürfen die neun Ziffern nur jeweils einmal vorkommen.

leicht

	3	2		1		6		5
	1		6	7				4
	5			3	1	9		
							1	2
3	8							
	6	5	3				7	
2			1	5			4	
4		1		7		8	5	

mittel

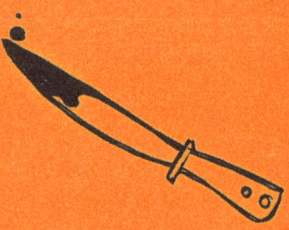

2	9			5				3
					9	2	5	
	8	3			7	9	4	
		7		2				
	4			8			3	
		9				4		
	3	9	2			5	6	
	2	4	8					
7				9			2	1

Vervollständige die Titel der Geschichten aus der Sammlung *Die Abenteuer des Sherlock Holmes.* Vielleicht helfen dir die Hinweise unten auf der Seite.

Ein _____ in Böhmen

Der _____ der Rothaarigen

Eine Frage der _____

Das _____ von Boscombe Valley

Die fünf _____kerne

Der Mann mit der _____ Lippe

Der _____ Karfunkel

Das _____ Band

Der _____ des Ingenieurs

Der adlige _____

Die _____-Krone

Die _____buchen

Junggeselle / gesprenkelte / Daumen / entstellten / Geheimnis / Skandal / blaue / Bund / Orangen / Blut / Beryll / Identität

Stadtplan von London

O bwohl es die meisten Orte, die Arthur Conan Doyle in seinen Romanen und Kurzgeschichten beschreibt, gar nicht gibt (nicht einmal die 221b existierte damals), haben wir
versucht, einige der wichtigsten Orte auf diesem Stadtplan von London zu markieren.

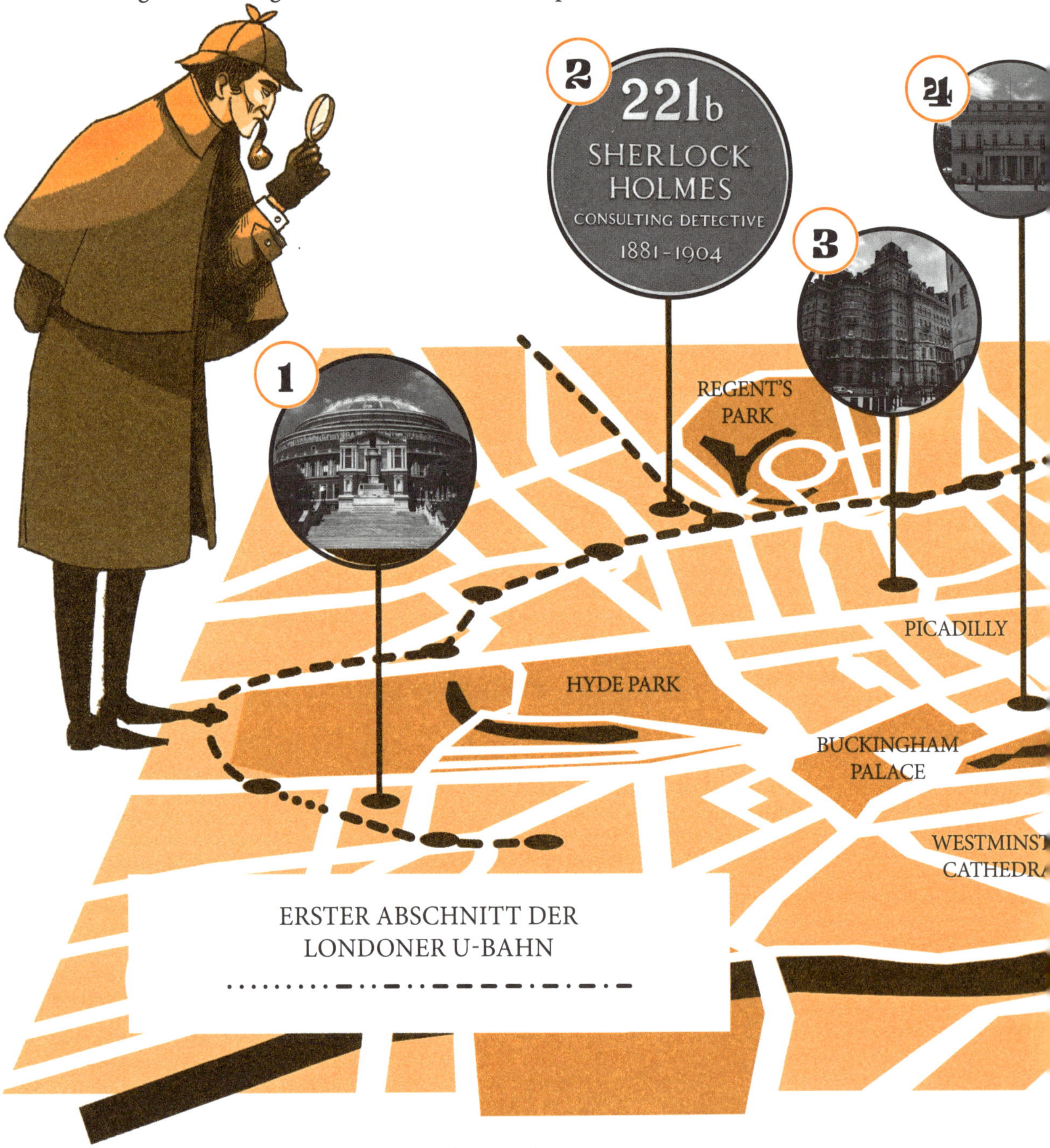

2 221b SHERLOCK HOLMES CONSULTING DETECTIVE 1881–1904

4

3

1

REGENT'S PARK

PICADILLY

HYDE PARK

BUCKINGHAM PALACE

WESTMINSTER CATHEDRAL

ERSTER ABSCHNITT DER
LONDONER U-BAHN

1. Royal Albert Hall
2. 221b Baker Street
3. Langham Hotel
4. The Athenaeum Club/ Diogenes Club
5. Scotland Yard
6. Lyceum Theatre
7. The Old Bailey
8. St. Bartholomew's Hospital
9. Tower of London

TISH
EUM

ST. PAUL
CATHEDRAL

HOUSE
OF
PARLIA-
MENT

TOWER
BRIDGE

LONDON

Leseliste

Fast alle Fans haben die vier Sherlock-Holmes-Romane gelesen. Aber es wird schon schwieriger, jemanden zu finden, der auch die Kurzgeschichtensammlungen gelesen hat. Wie sieht es bei dir aus? Hast du alle Bücher des Kanons gelesen? Male die Bücher aus, die du bereits kennst, und finde so heraus, was dir noch fehlt.

Eine Studie in Scharlachrot

DAS ZEICHEN DER VIER

Die Memoiren des Sherlock Holmes
ERZÄHLUNGEN

Die Abenteuer des Sherlock Holmes
ERZÄHLUNGEN

DAS NOTIZBUCH VON SHERLOCK HOLMES
ERZÄHLUNGEN

Das Tal der Angst

DER HUND VON BASKERVILLE

DIE RÜCKKEHR DES SHERLOCK HOLMES
ERZÄHLUNGEN

DAS BUCH DER FÄLLE
ERZÄHLUNGEN

Eine weitere Fähigkeit, die sich als nützlich erweisen könnte, ist das Verfolgen einer Spur mit der Hilfe eines Bluthunds. Laufe mit Toby durch die Straßen Londons, bis du den flüchtigen Mörder einholst.

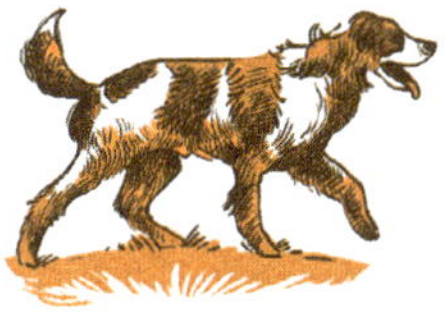

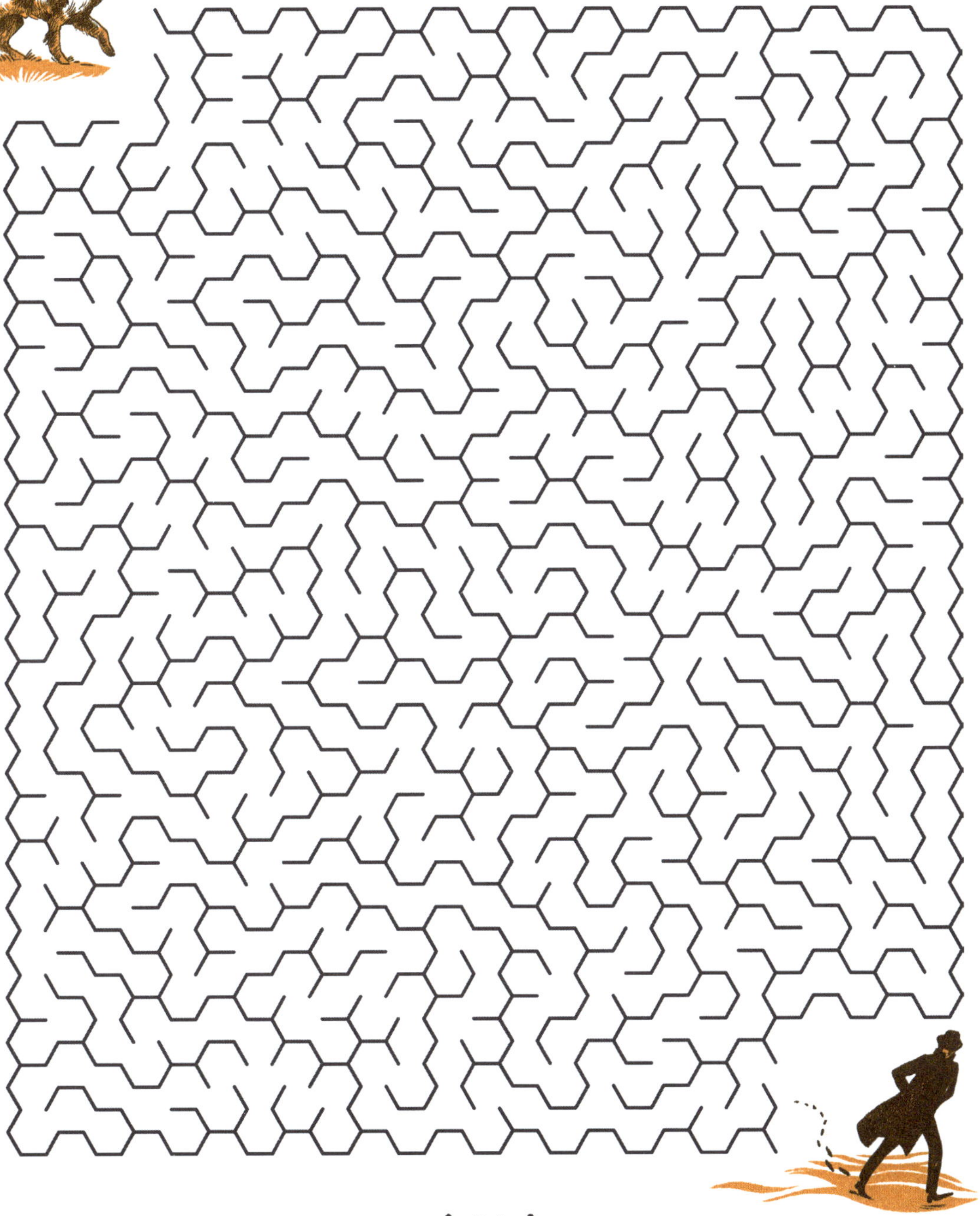

Kriminalistik und Sherlock

Arthur Conan Doyle ist nicht nur einer der Väter der Kriminalliteratur, sondern gilt vielen auch als Pionier der modernen Kriminalistik. In seinen Erzählungen werden Ermittlungstechniken beschrieben, die auch heute noch Anwendung finden, zu seiner Zeit aber von der Polizei noch nicht eingesetzt wurden. Doyle erfasste und beschrieb vermutlich all die Neuerungen, die in dieser revolutionären Zeit stattfanden. Hier sind einige davon.

In welchem Fall erwähnt Holmes zum ersten Mal Fingerabdrücke, eine Identifizierungsmethode, die Scotland Yard erst zehn Jahre später, 1901, einsetzen sollte?

Sherlock Holmes analysierte die Merkmale verschiedener maschinengeschriebener Texte und stellte die Besonderheiten einer bestimmten Schreibmaschine fest. Das FBI beginnt erst 1930 mit dieser Art der Analyse. Weißt du noch, in welcher Erzählung das war?

Ein weiteres großes Talent von Holmes ist es, aus der Handschrift einer Person deren Eigenschaften abzuleiten, bis hin zur Bestimmung von Geschlecht und Herkunft.

In einer Erzählung analysiert Sherlock Schmauchspuren am Körper eines Opfers. Erst fünf Jahre später wird diese Art der Analyse in einem wissenschaftlichen Text erwähnt. Um welche Erzählung handelt es sich?

In welchem Roman erwähnt Sherlock zum ersten Mal sein Interesse an Tabakasche und die Möglichkeit, aus ihrer Analyse viele Informationen zu gewinnen? Erst in den 1920er–Jahren veröffentlichte Dr. Edmond Locard eine wissenschaftliche Studie über Tabakasche und nannte dabei den englischen Detektiv als Quelle seiner Inspiration.

Im selben Roman macht Sherlock die sensationelle Entdeckung eines chemischen Reagens, das Hämoglobin nachweisen kann, sodass auch sehr alte Blutspuren an einem Tatort entdeckt werden können. Luminol wird tatsächlich erst seit 1937 verwendet.

Verbrechen und Strafe

Wenn dir das Leben des logisch denkenden und leidenschaftslosen Detektivs zu eng erscheint, kannst du auch eine Karriere in der Kriminalistik anstreben. Wir hoffen, dass du dir diese Entscheidung gut überlegen und alle Vor- und Nachteile abwägen wirst. Damit du eine fundierte Entscheidung treffen kannst, wollen wir testen, was du über die viktorianische „Justiz" weißt und was du riskierst, wenn du versuchst, in Moriartys Fußstapfen zu treten.

		W	F
1.	Die Todesstrafe wird durch Erschießen vollzogen.	❏	❏
2.	Hulks sind alte, zu Gefängnissen umgebaute Schiffe.	❏	❏
3.	Botany Bay ist die Strafkolonie in den Vereinigten Staaten, in die Kriminelle deportiert werden.	❏	❏
4.	Sogar Kinder unter 10 Jahren können für Verbrechen ins Gefängnis gebracht werden.	❏	❏
5.	Opiumhöhlen sind in London weit verbreitet.	❏	❏
6.	Bis Anfang des 19. Jahrhunderts droht die Todesstrafe auf Taschendiebstahl.	❏	❏
7.	Arbeitshäuser, die geschaffen wurden, um mittellosen Menschen zu helfen, sind regelrechte Gefängnisse, in denen Zwangsarbeit geleistet wird (frage einfach Charles Dickens!).	❏	❏
8.	Kinder werden weniger hart bestraft als Erwachsene.	❏	❏
9.	In viktorianischen Gefängnissen werden Straftäter durch Stille, Isolation, Kontemplation und die Bibel reformiert.	❏	❏
10.	Die Zwangsarbeit besteht oft aus völlig unnötigen Aufgaben wie dem Drehen einer Kurbel oder dem Laufen über riesige Trittsteine.	❏	❏
11.	Das Old Bailey ist das größte Gefängnis Londons.	❏	❏
12.	Die Londoner Polizisten müssen auch die Straßenlaternen anzünden.	❏	❏

Rätselraten

Sherlock Holmes und Watson klären ihre Fälle nicht selten durch das Lösen von Rätseln auf. Zum Üben bieten wir dir hier einige literarische Rätsel. Kannst du die geheimnisvolle Person erraten?

- Ich bin eine leidenschaftliche Frau mit einem rebellischen Herzen.
- Ich lebte ausgegrenzt in der schlimmsten aller Zellen.
- Zwischen scharlachroten Rosen und Stickereien.
- Meine Geschichte ist kompliziert.

1.

- Unter fremden Geschöpfen bin ich auf Fantasie und gesunden Menschenverstand angewiesen.
- Ich trage Gedichte vor und verändere oft mein Aussehen.
- Ich suche meinen Platz in einer verkehrten Welt.
- Ich muss aufpassen, dass ich nicht den Kopf verliere.

2.

- Mit schwarzem Pelz und leuchtenden Augen bewege ich mich in Moskau zwischen Schauspielern und Sängern.
- Ich rauche Zigarre und bin ein einzigartiger Kater.
- Ich erstaune alle, wenn ich mich zu drehen beginne.

3.

- Schön und reich lebe ich in einer großen Stadt.
- Doch mich trifft ein tragisches Schicksal.
- Mein Leben verläuft schnell wie ein Zug und schmerzhaft.
- Mitten in der Menge bleibt es tragischerweise stehen.

4.

- Ich bin der Herrscher des Ozeans, weiß und wild.
- Das Opfer einer endlosen und verrückten Verfolgungsjagd.
- Ich halte mit all meinem Mut am Leben fest.
- Mein prustender Buckel erscheint schon aus der Ferne im tosenden Wasser.

5.

- Ich durchwanderte Epochen, veränderte Form und Gedanken.
- Die Zeit machte ein faszinierendes Geheimnis aus mir.
- Auf der Suche nach Identität und meinem Platz unter den Dichtern.
- Nach 300 rastlosen Jahren kehrte ich zur Eiche zurück.

6.

- Als umherziehender Held kämpfte ich gegen Ungeheuer und Götter.
- Mit List wollte ich in meine Heimat zurückkehren.
- Zehn Jahre Krieg, zehn Jahre unterwegs.
- Ich bin die gerissenste Figur der Literatur.

7.

- Ich bin ein Ritter auf Abwegen und träume von Ruhm.
- In einer Fantasiewelt entfaltet sich meine Geschichte.
- Windmühlen und Löwenherz.
- Mein Leben ist einem Trugbild gewidmet.

8.

Morsealphabet

Angefangen mit dem berühmten Morsealphabet, mit dem 1858 die ersten Nachrichten per Telegraf über den Ozean ausgetauscht wurden, lernst du hier auch auch Codes und Geheimschriften, die bei der Lösung mancher Rätsel hilfreich sein könnten ... auch in diesem Buch.

A	● ▬	N	▬ ●	ANFANGSSIGNAL	▬ ● ▬ ● ▬	
B	▬ ● ● ●	O	▬ ▬ ▬	ENDSIGNAL	● ● ● ▬ ● ▬	
C	▬ ● ▬ ●	P	● ▬ ▬ ●	FEHLER	● ● ● ● ● ● ● ●	
D	▬ ● ●	Q	▬ ▬ ● ▬	1	● ▬ ▬ ▬ ▬	
E	●	R	● ▬ ●	2	● ● ▬ ▬ ▬	
F	● ● ▬ ●	S	● ● ●	3	● ● ● ▬ ▬	
G	▬ ▬ ●	T	▬	4	● ● ● ● ▬	
H	● ● ● ●	U	● ● ▬	5	● ● ● ● ●	
I	● ●	V	● ● ● ▬	6	▬ ● ● ● ●	
J	● ▬ ▬ ▬	W	● ▬ ▬	7	▬ ▬ ● ● ●	
K	▬ ● ▬	X	▬ ● ● ▬	8	▬ ▬ ▬ ● ●	
L	● ▬ ● ●	Y	▬ ● ▬ ▬	9	▬ ▬ ▬ ▬ ●	
M	▬ ▬	Z	▬ ▬ ● ●	0	▬ ▬ ▬ ▬ ▬	

.	● ▬ ● ▬ ● ▬	:	▬ ▬ ▬ ● ● ●
,	▬ ▬ ● ● ▬ ▬	;	▬ ● ▬ ● ▬ ●
?	● ● ▬ ▬ ● ●	+	● ▬ ● ▬ ●
'	● ▬ ▬ ▬ ▬ ●	-	▬ ● ● ● ● ▬
/	▬ ● ● ▬ ●	=	▬ ● ● ● ▬

Farbquiz

Wir testen wieder einmal dein Wissen über Sherlock. In dieser Liste findest du einige Titel von Romanen und Kurzgeschichten, denen etwas fehlt ... die Farbe! Gelingt es dir, die richtige Farbe zu bestimmen?

1. *Eine Studie in ...*

A. Rosa
B. Scharlachrot
C. Grün

2. *Der ... Karfunkel*

A. blaue
B. graue
C. schwarze

3. *Der Bund der ...haarigen*

A. Schwarz
B. Weiß
C. Rot

4. *Das ... Gesicht*

A. rote
B. blaue
C. gelbe

5. *Das Abenteuer des ... Kreises*

A. lila
B. roten
C. weißen

6. *Das Abenteuer des ... Soldaten*

A. gebleichten
B. ergrauten
C. bläulichen

7. *Das Abenteuer der ...buchen*

A. Moos
B. Schwarz
C. Blut

8. *Das Abenteuer des ... Monokels.*

A. goldenen
B. silbernen
C. blauen

Zehn Ereignisse während des Lebens von ARTHUR C. DOYLE

Ein Ereignis ist falsch. Findest du es?

1 1858: Charles Darwin und Alfred Wallace entdecken, dass die Arten durch natürliche Auslese entstehen und erhalten bleiben.

2 1863: Der erste Abschnitt der Londoner U-Bahn von Paddington nach Farringdon wird eröffnet.

3 1865: *Alice im Wunderland* von Lewis Carroll erscheint.

4 1869: Der Chemiker Dmitri Mendelejew führt das Periodensystem der chemischen Elemente ein, um die Elemente nach ihren Eigenschaften zu ordnen.

5 1885: Der deutsche Maschinenbauingenieur Karl Benz stellt das erste Auto mit Verbrennungsmotor her.

6 1898: Marie Curie und ihr Mann geben die Entdeckung von Radium und Polonium bekannt. Im Jahr 1903 wird Marie als erste Frau mit dem Nobelpreis geehrt.

7 1915: Albert Einstein entwickelt die allgemeine Relativitätstheorie.

8 1924: *Der Mord im Orientexpress* von Agatha Christie erscheint.

9 1928: Dubble Bubble in Philadelphia produziert den ersten amerikanischen Gummi, der elastisch genug ist, um Luftballons herzustellen.

10 1929: Alexander Fleming entdeckt zufällig das Penicillin und leitet damit offiziell die Geburtsstunde der Antibiotika ein. Für diese Entdeckung erhält er 1945 den Nobelpreis.

Finde die Unterschiede

Z ur Entspannung kannst du hier spielerisch die Unterschiede zwischen den beiden Bildern suchen. Das ist gar nicht so einfach, wenn man bedenkt, welches Chaos Sherlock auf seinem Schreibtisch hinterlassen hat. Findest du alle zwölf Unterschiede?

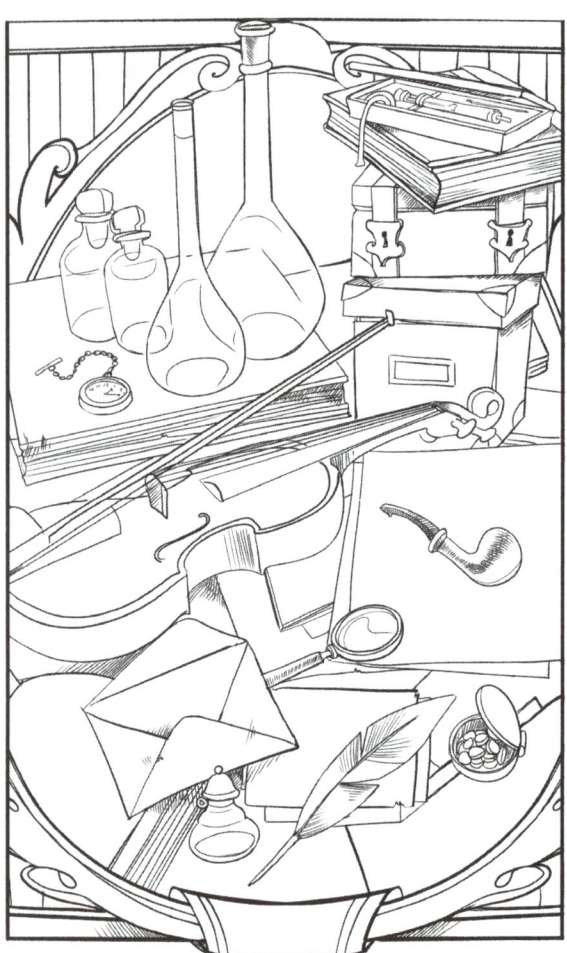

„Es ist ein Fehler, das Ungewöhnliche mit dem Rätselhaften zu verwechseln. Oft ist das banalste Verbrechen gerade deshalb das unbegreiflichste, weil es nichts Ungewöhnliches oder Besonderes aufweist, aus dem man Schlüsse ziehen könnte." Sherlock Holmes.

Tatortbetrachtung

Erst in den frühen 1900er-Jahren wurden Tatortfotos, die von Alphonse Bertillon eingeführt wurden, von der Polizei in der Ermittlung eingesetzt. Nimm dir einen Moment Zeit, um das Bild unten zu betrachten und blättere dann weiter …

Und jetzt Konzentration!

Hier kannst du nun dein Gedächtnis und deine Beobachtungsgabe testen. Kannst du, ohne zurückzublättern, die folgenden Fragen zum blutigen Mord an Mr. Worthington beantworten?

1. Was hat das Opfer in der Hand? _____

2. Was ist der kaputte Gegenstand auf dem Boden? _____

3. Wie viele Spielkarten liegen auf dem Boden? _____

4. Was ist die Tatwaffe? _____

5. Wie ist das Wetter? _____

6. Wie viele Tassen stehen auf dem Tischchen? _____

7. Sind die Schreibtischschubladen zu oder auf? _____

8. Ist das Opfer gerade eben gestorben? _____

9. Welcher Buchstabe steht auf dem Blatt auf dem Schreibtisch? _____

10. Gibt es auf der Fensterbank ein besonderes Indiz? _____

11. Was ist das Besondere an dem Bild an der Wand? _____

12. Was liegt auf dem Stuhl? _____

13. War das Opfer Raucher? _____

14. Wurde ein Ring gefunden? _____

15. Gibt es Blutflecken auf dem Boden? _____

16. Trägt das Opfer einen Hut? _____

Was weißt du über Watson?

Sherlock Holmes wäre nicht derselbe ohne seinen treuen Assistenten und Freund Watson. Die respektvolle und freundschaftliche Beziehung (Bromance!) zwischen den beiden ist eine der berühmtesten und beliebtesten der Literaturgeschichte. Es ist also an der Zeit, dein Wissen über Watson auf die Probe zu stellen.

		W	F
1.	Er hat eine Schussverletzung an der Schulter.	❏	❏
2.	Er hat eine Schussverletzung am Bein.	❏	❏
3.	Sein Vorname ist James.	❏	❏
4.	Er nahm am Burenkrieg teil.	❏	❏
5.	Er ist hochgewachsen und schlank.	❏	❏
6.	Die Waffe seiner Wahl ist ein Stock.	❏	❏
7.	Seine Frau heißt Mary Morland.	❏	❏
8.	Er ist Arzt.	❏	❏
9.	Es gelingt ihm, Sherlock von der Drogensucht zu heilen.	❏	❏
10.	In einer Geschichte wird er fast tödlich verletzt.	❏	❏
11.	Doyle wollte ihn erst Ormond Sacker nennen.	❏	❏
12.	Sein zweiter Vorname beginnt mit einem H.	❏	❏
13.	Er schreibt die Berichte über die Fälle von Sherlock Holmes.	❏	❏

Malen nach Zahlen

Nach diesem Spiel kannst du deine Aufgaben entspannter angehen. Verbinde die Punkte von 1 bis 201, um die geheimnisvolle Figur zu enthüllen.

Wörterpuzzle

Finde unter all diesen Buchstaben die Wörter in der folgenden Liste. Sie können in jede Richtung geschrieben sein, auch diagonal, können sich kreuzen und überschneiden.

```
T C O F X Q N E P M I R G N
O E O A D E V O N S H I R E
B D G S B Q U H R E G D O R
O A A E T U O A D C Q N T M
S R R G H A C A I M F A D N
T T C R S I R C H A R L E S
A S I R Y T K I Z P P K V O
P E A Y M M P D C C O N O Y
L L H O C H O N N A Z A N R
E Z O W S N Y R D E T R L N
T R H U G O D P E F D F Y E
O L A U R A L Y O N S L R H
N E S U O H T I P I R R E M
Z S E L L I V R E K S A B S
V R E M I T R O M S E M A J
```

DARTMOOR	STAPLETON	HUGO	DEVONSHIRE
BASKERVILLE	BERYL	RODGER	COSTARICA
SIRCHARLES	MERRIPITHOUSE	LAURALYONS	DEVON
BARRYMORE	SELDEN	HENRY	GARCIA
FRANKLAND	LESTRADE	GRIMPEN	

Acht Zitate

Einige der Zitate des berühmten Detektivs sind inzwischen in unserem Alltag weit verbreitete Redewendungen. Aber kannst du unter den unten aufgeführten Zitaten auch solche erkennen, die nicht in Doyles Geschichten vorkommen?

Sie haben eine große Gabe zum Schweigen, Watson. Das macht Sie zu einem unschätzbaren Begleiter.

Angst ist nur die Weisheit im Angesicht der Gefahr; man sollte sich ihrer nicht schämen.

Watson, kommen Sie schnell, wenn Sie können. Wenn nicht, kommen Sie trotzdem!

Ganz einfach, mein lieber Watson!

Das Spiel läuft.

Mein Name ist Sherlock Holmes. Es ist meine Aufgabe, zu wissen, was andere nicht wissen.

Was geht in euren verrückten kleinen Gehirnen vor? Es muss so langweilig sein.

Manchmal werde ich depressiv und mache tagelang den Mund nicht auf. Denken Sie dann bitte nicht, dass ich schlecht gelaunt bin. Lassen Sie mich einfach in Ruhe, dann komme ich bald darüber hinweg.

Quiz: Wirklich alle?

Kreuze an, welche der vier Antworten nicht in den Erzählungen und Romanen von Sherlock Holmes vorkommt.

1. *Alle Tiere von Sherlock Holmes*
   - **A.** Mastiff
   - **B.** Pferd
   - **C.** Falke
   - **D.** Indische Schlange

2. *Alle Edelsteine von Sherlock Holmes*
   - **A.** Schwarze Perle der Borgia
   - **B.** Karfunkel
   - **C.** Stern von Indien
   - **D.** Moguldiamant

3. *Alle Tatwaffen*
   - **A.** mittelalterliches Schwert
   - **B.** Blasrohr
   - **C.** Schlange
   - **D.** Kohlenmonoxid

4. *Alle Verkleidungen*
   - **A.** Seemann
   - **B.** alte Gouvernante
   - **C.** evangelischer Pastor
   - **D.** Stallbursche

5. *Alle Inspectors*
   - **A.** Gregson
   - **B.** Hopkins
   - **C.** Lestrade
   - **D.** Foster

6. *Alle Feinde*
   - **A.** Irene Adler
   - **B.** Charles Augustus Milverton
   - **C.** Carl Magnusson
   - **D.** Sebastian Moran

7. *Alle von Holmes verfassten Abhandlungen*
   - **A.** über Schädelformen
   - **B.** über Tabakasche
   - **C.** über Fußabdrücke
   - **D.** über die Form der Hände in Beziehung zum Beruf

Nicht erschienene Fälle

In den Romanen und Kurzgeschichten über Sherlock Holmes finden sich zahlreiche Hinweise auf Fälle, die Dr. Watson nie aufgeschrieben hat, sei es aus Gründen der Geheimhaltung, sei es, weil sie aufgrund ihrer besonderen Eigenart die Leser nicht interessiert hätten. Fans, Drehbuchautoren und Schriftsteller haben nach dem Tod von Arthur Conan Doyle versucht, einige dieser Fälle selbst zu erfinden. Wir haben hier einige Titel aufgelistet. Erkennst du die, die Watson nie veröffentlicht hat?

- ○ Das Verschwinden der Lady Frances Carfax
- ○ Die Todesangst des alten Abraham
- ○ Die Abenteuer des einsamen Radfahrers
- ○ Der griechische Dolmetscher
- ○ Das Abenteuer der zwei koptischen Patriarchen
- ○ Das Opaldiadem der Mrs. Farintosh
- ○ Das Geheimnis von Boscombe Valley
- ○ Die Riesenratte von Sumatra
- ○ Die seltsame Verfolgung von John Vincent Harden
- ○ Der Mann mit der entstellten Lippe
- ○ Die Frau in Margate ohne Puder auf der Nase
- ○ Der Wahnsinn der Isadora Persano
- ○ Das Abenteuer mit des Teufels Fuß
- ○ Die drei Garridebs
- ○ Die Abenteuer des sterbenden Detektivs
- ○ Der plötzliche Tod des Kardinals Tosca
- ○ Die Kameen des Vatikans
- ○ Die Abenteuer des Kanarienvogeldompteurs Wilson
- ○ Die fünf Orangenkerne

Sudoku

Um dein Gehirn zu trainieren, schlagen wir dir weitere Sudoku-Rätsel vor. Die Quadrate müssen mit den Ziffern 1 bis 9 ausgefüllt werden. In jeder Zeile, jeder Spalte und jedem Quadrat (3 x 3 Kästchen) dürfen die neun Ziffern nur einmal vorkommen.

4					3			
1			7	4		8		
	7					9	4	
		1		9			5	
2	6		8		1		9	4
	8		2			1		
	1	3					2	
		2		1	6			9
			5					3

schwer

	5	9		6		2	1	
					1	2		
					5		9	
2		3			1	8		
9		1				3		6
		8	3			9		1
	9		8					
			1	7				
	3	6		5			1	7

schwer

Tanzende Männchen

In *Die tanzenden Männchen* gelingt es Sherlock Holmes, einige geheimnisvolle Botschaften zu entschlüsseln, die in einem seltsamen Code, in dem kleine tanzende Männchen jeweils einem Buchstaben des Alphabets entsprechen, geschrieben sind. Unten findest du das gesamte Alphabet, wie es von Gutenberg Labo für diese Geheimschrift vervollständigt wurde.

A	🕺	N	🕺	1	P
B	🕺	O	🕺	2	PP
C	🕺	P	🕺	3	P PP
D	🕺	Q	🕺	4	PP PP
E	🕺	R	🕺	5	PP PPP
F	🕺	S	🕺	6	P PP PPP
G	🕺	T	🕺	7	PP PP PPP
H	🕺	U	🕺	8	PP PPP PPP
I	🕺	V	🕺	9	PPP PPP PPP
J	🕺	W	🕺	0	.
K	🕺	X	🕺		
L	🕺	Y	🕺		
M	🕺	Z	🕺		

Schattenspiel

Viele Schatten, ein Verdächtiger. Kannst du seinen Schatten finden?

Verbrechen im leeren Haus

In Watsons Notizbuch findest du diese Aufzeichnungen über einen Mord in einem leeren Haus. Kannst du anhand der Hinweise herausfinden, wer der Mörder ist und welche Tatwaffe er benutzt hat? Um dir dabei zu helfen, haben wir bereits den ersten Hinweis in die Tabelle eingefügt.

Bedenke, dass jeder Verdächtige mit einer möglichen Mordwaffe an einem dieser Orte war, aber nur einer das Verbrechen tatsächlich begangen hat.

	Moriarty	Moran	Milverton	Kitty Winter	Salon	Verschlossenes Zimmer	Souterrain	Leeres Haus
Mastiff								
Pillen								
Blasrohr								
Schlange								
Salon	✗	✗	✗	✓				
Verschlossenes Zimmer				✗				
Souterrain				✗				
Leeres Haus				✗				

1. Kitty Winter war im Salon.
2. Moriarty trug eine Maske und wurde mit einer Schlange gesehen.
3. Kitty Winter und der, der die Pillen hatte, haben sich vor der Tat getroffen.
4. Moran hatte Phosphor an der Kleidung.
5. Spuren eines riesigen Mastiffs wurden im Salon und im leeren Haus gesehen.
6. Im leeren Haus bewegte sich jemand mit einer Maske.
7. Die Leiche wurde im leeren Haus gefunden.

Labyrinth

Auf der Themse findet eine wilde Verfolgungsjagd statt. Hilf Holmes und Watson, den fliehenden Mörder einzufangen.

Finde den Eindringling

In jeder dieser Gruppen von Namen und Wörtern gibt es immer einen nicht dazugehörenden Eindringling. Versuche durch Logik und dein Wissen herauszufinden, wer oder was es ist.

Grimesby Roylott, Capt. Calhoun, Langdale Pike, Mortimer Tregennis, Jack Stapleton

Curare, Strychnin, Arsen, Schierling, Rizin

Piccadilly, Waterloo, Paddington, St. Pancras, Victoria

Jones, Lestrade, Stutton, Gregson, Hopkins

Cullinan, Gran Mogol, The Hope, Koh-I-Noor, Der Stern von Indien

Amelia Elizabeth Dyer, Jack the Ripper, Thomas Neill Cream, Mary Ann Cotton, Belle Gunness

Tigerschlange, Roter Kolibri, Schwarze Mamba, Taipan, Gebänderter Krait

Die verlorene Welt, Brigadier Gérards Medaille, Der Große Burenkrieg, Micah Clarke, Michael Strogoff

Wo?

Wer hat in der Kirche von Santa Monica geheiratet? Was geschah auf dem Saxe-Cobourg-Square? Verbinde jeden aufgelisteten Ort mit dem richtigen Roman oder der richtigen Kurzgeschichte.

ORT	GESCHICHTE
Grimpen	Der Bund der Rothaarigen
Australien, Strafkolonie von Victoria	Ein Skandal in Böhmen
Kirche Santa Monica	Der Hund von Baskerville
Vermissa Valley	Das Zeichen der Vier
Andamanen	Eine Studie in Scharlachrot
Schweiz	Das Geheimnis von Boscombe Valley
Saxe-Cobourg-Sqaure	Das letzte Problem
Utah	Das Tal der Angst

Codes und Chiffres

In der Kurzgeschichte *Die tanzenden Männchen* gelingt es Sherlock Holmes, einen mysteriösen Code zu entschlüsseln, der geheime Botschaften hinter kleinen Strichmännchen verbirgt. Die Kryptografie hat uralte Ursprünge und im Laufe der Jahrhunderte wurden die Möglichkeiten immer komplexer, um wichtige Botschaften oder Texte, die geheim bleiben sollten, zu verschlüsseln. Hier sind einige der einfachsten, aber sie können dir helfen, geheimnisvolle Rätsel zu lösen oder deine Botschaften geheimzuhalten.

Die Chiffre A1Z26

Eine der einfachsten ist die Substitutionschiffre. Dabei werden die Buchstaben des Alphabets einfach durch Zahlen ersetzt.

1	2	3	4	5	6	7	8	9	10	11	12	13	14	15	16	17	18	19	20	21	22	23	24	25	26
A	B	C	D	E	F	G	H	I	J	K	L	M	N	O	P	Q	R	S	T	U	V	W	X	Y	Z

Die Chiffre Atbash

Auch diese Substitutionschiffre wurde mit dem hebräischen Alphabet verwendet, indem der erste Buchstabe des Alphabets durch den letzten ersetzt wurde. Sie ist etwa 2500 Jahre alt.

A	B	C	D	E	F	G	H	I	J	K	L	M	N	O	P	Q	R	S	T	U	V	W	X	Y	Z
Z	Y	X	W	V	U	T	S	R	Q	P	O	N	M	L	K	J	I	H	G	F	E	D	C	B	A

Die Cäsar-Verschlüsselung

Cäsar verwendete diese Laufschrift, bei der jeder Buchstabe des Klartextes im Chiffretext durch den Buchstaben ersetzt wird, der eine vorher festgelegte Anzahl von Positionen weiter hinten im Alphabet steht.

A	B	C	D	E	F	G	H	I	J	K	L	M	N	O	P	Q	R	S	T	U	V	W	X	Y	Z
X	Y	Z	A	B	C	D	E	F	G	H	I	J	K	L	M	N	O	P	Q	R	S	T	U	V	W

Die Chiffre QWERTY

Diese Chiffre nutzt die Position der Tasten auf einer Tastatur. Jeder Buchstabe des Alphabets wird durch den entsprechenden Buchstaben auf der Tastatur ersetzt.

```
QWERTYUIOP      ABCDEFGHIJ
ASDFGHJKL   →   KLMNOPQRS
ZXCVBNM         TUVWXYZ
```

Strukturierte Codes

Zu dieser Kategorie gehören die Codes, die Symbole verwenden. Dazu gehören der Morsecode (Seite 32), der Pigpen (Seite 71) oder auch Doyles Code der tanzenden Männchen.

Das Akrostichon

Hier bilden die Anfangsbuchstaben oder -silben von Wörtern die Botschaft: Hinter *Habt ihr Lampen für Einbrecher* verbirgt sich das Wort HILFE.
Es gibt auch andere Methoden, um eine Nachricht zu verschlüsseln, indem man sie einfach offen liegen lässt.

Buchstaben und Löcher

Um einem Verwandten, der sich in deutscher Kriegsgefangenschaft befand, Nachrichten über den Kriegsverlauf zukommen zu lassen, schickte Conan Doyle ihm ein Buch, in das er mit einer Stecknadel unter die Buchstaben des Textes, die er für seine Nachricht benötigte, ein Loch stach.

Nachrichten in Büchern

In *Das Tal der Angst* erhält Sherlock von einem Komplizen Moriartys eine Warnmeldung, die aus Zahlen besteht. Der Detektiv entdeckt, dass die Zahlen in der Nachricht den Seiten, Zeilen und Wörtern in einem bestimmten Buch entsprechen, und kann sie so lesen. Verweise dieser Art können nur funktionieren, wenn Absender und Empfänger im Besitz desselben Buches in derselben Ausgabe sind.

Bücher im Trend

Hier sind einige der berühmtesten Romane, die zu Lebzeiten von Arthur Conan Doyle veröffentlicht wurden. Kannst du jeden Roman mit seinem Autor in Verbindung bringen?

AUTOR/IN	ROMAN
H. G. Wells	*Am grünen Rand der Welt*
Virginia Woolf	**Die Forsyte-Saga**
Henry James	*DER GEHEIME GARTEN*
Thomas Hardy	**König Salomos Schatzkammer**
Frances Eliza Hodgson Burnett	WIEDERSEHEN IN HOWARDS END
E. M. Forster	*Drehung der Schraube*
H. Rider Haggard	**ORLANDO**
John Galsworthy	**Der Krieg der Welten**

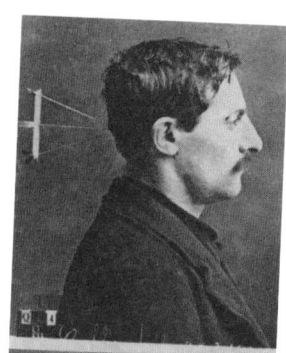

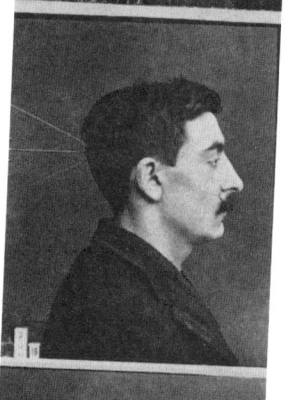

Alphonse Bertillon ist eine der Schlüsselfiguren der forensischen Kriminologie und einer der wenigen Menschen, die sogar die Bewunderung eines Sherlock Holmes verdient hätten.

Der französische Polizist entwickelte mit seinen Fahndungsfotos 1880 eines der ersten Identifizierungssysteme, das auf der Anthropometrie beruhte: der Messung und Beschreibung der körperlichen Merkmale einer Person.

Die Bertillon-Methode zur Identifizierung umfasst die Messung bestimmter körperlicher Merkmale einer Person, eine schriftliche Beschreibung ihres Äußeren, das Erfassen spezieller Merkmale und Fotos des Gesichts von vorne und im Profil.

Dies erleichterte die Arbeit der Polizei erheblich und ermöglichte die Identifizierung von Wiederholungstätern.

Seine Arbeit mit der noch heute gebräuchlichen Katalogisierungsmethode leitete auch ein umfassendes Vernetzungssystem zwischen den verschiedenen Polizeiinstituten ein und förderte deren Zusammenarbeit.

Die Anthropometrie muss jedoch als Pseudowissenschaft betrachtet werden, die in ihrer extremen Form problematischen rassistischen Stereotypen Tür und Tor öffnete und einige Jahre später durch die zuverlässigere Identifizierung mittels Fingerabdrücken ersetzt wurde.

Übe Verbrecher zu identifizieren, indem du Freunde und Verwandte auf einer Bertillon-Karte registrierst.

Vor- und Nachname _____

Spitznamen und Pseudonyme _____

Geboren in _____ am _____

Sohn/Tochter von _____ und _____

Beruf _____

Vorgeschichte _____ Anlass der Festnahme _____

Foto frontal

Foto Profil

Besondere Kennzeichen und Narben

Größe _____

Gewicht _____

Körberbau _____

Armspannweite _____

Sitzgröße _____

Hautfarbe _____

Kopfbreite _____

Kopflänge _____

Breite der Wange _____

Haarfarbe _____

Augenfarbe _____

Bart _____

Ohrenabstand _____

Größe des Kinns _____

Nase Länge/Breite _____

Stirn _____

Länge des Daumens _____

Länge des Mittelfingers _____

Fußlänge _____

Länge des Unterarms _____

Datum _____ Vermessen von _____

Wörterpuzzle

Suche unter all diesen Buchstaben die Wörter aus der untenstehenden Liste. Sie können in alle Richtungen geschrieben sein, auch diagonal, können sich kreuzen und überschneiden.

```
E P M A R Y L O U I S E Q K
I X H K K I N G S L E Y C W
J M A H S E L D N I W E O A
L P R E I R R A B Q I H T H
A Z O E X C N Y F K O O T S
D R K E T O S I C P N U I R
E H K F C A E E E U F D N E
E R E G N E L L A H C I G D
G E D M M N S S Y Y V N L D
R E I Q A T T T Q L F I E U
O A R E R M A Y U M B A Y W
E F J A S P V U E E I U O T
G W N C R O W B O R O U G H
S D T B S D A L T A M O N T
```

CONAN	KINGSLEY	UNDERSHAW	BARRIE
CHALLENGER	GEORGEEDALJI	SLATER	MAYUMBA
GERARD	COTTINGLEY	MARY LOUISE	HOPE
ALTAMONT	HOUDINI	STRAND	POE
TOUIE	CROWBOROUGH	WINDLESHAM	JEAN LECKIE

Berühmte Freunde

Schaut man sich den Freundeskreis von Arthur Conan Doyle an, ist man fast überrascht, wie klein die Welt ist. Der Schöpfer von Sherlock ist mit vielen berühmten Schriftstellern befreundet oder korrespondiert mit ihnen. Die berühmtesten haben wir hier aufgeführt. Kannst du jedem von ihnen ein Werk aus der untenstehenden Liste zuordnen?

Mit **Rudyard Kipling** verbindet ihn eine große gegenseitige Achtung und Wertschätzung. Doyle schenkt ihm ein Paar Skier.

Joseph Conrad bekundet während einer Séance direkt aus dem Jenseits seine Zuneigung zu Doyle und bittet ihn, seinen unvollendeten Roman zu Ende zu bringen.

J. M. Barrie und Arthur Conan Doyle sind eng befreundet und spielen in der gleichen Cricketmannschaft, den „Allahakbarries".

Oscar Wilde und Arthur Conan Doyle treffen sich bei einem berühmten Abendessen mit den größten literarischen Talenten ihrer Zeit und vereinbaren, jeder eine Geschichte für *Lippincott's Monthly Magazine* zu schreiben. Wilde schreibt *Das Bildnis des Dorian Gray*, Doyle *Das Zeichen der Vier*.

Doyle bietet dem Schauspieler Henry Irving eines seiner Stücke an und lernt so dessen Manager kennen, der kein Geringerer als **Bram Stoker** ist.

Doyle nimmt an einem literarischen Abendessen von **Jerome K. Jerome** teil und die beiden Schriftsteller machen gemeinsam Urlaub in Norwegen.

Auszug aus einem Brief von **Robert Louis Stevenson** an Doyle: „Ich hoffe, Sie erlauben mir, Ihnen ein Kompliment zu den sehr genialen und interessanten Abenteuern von Sherlock Holmes zu machen. Das ist die Art von Literatur, die ich mag, wenn ich Zahnschmerzen habe." Zum Glück nahm Doyle es als Kompliment auf.

Der Schwarze Pfeil - Peter Pan - Lord Arthur Saviles Verbrechen - Drei Mann in einem Boot - Die sieben Finger des Todes - Nostromo - Über Bord

ARTHUR C. DOYLE

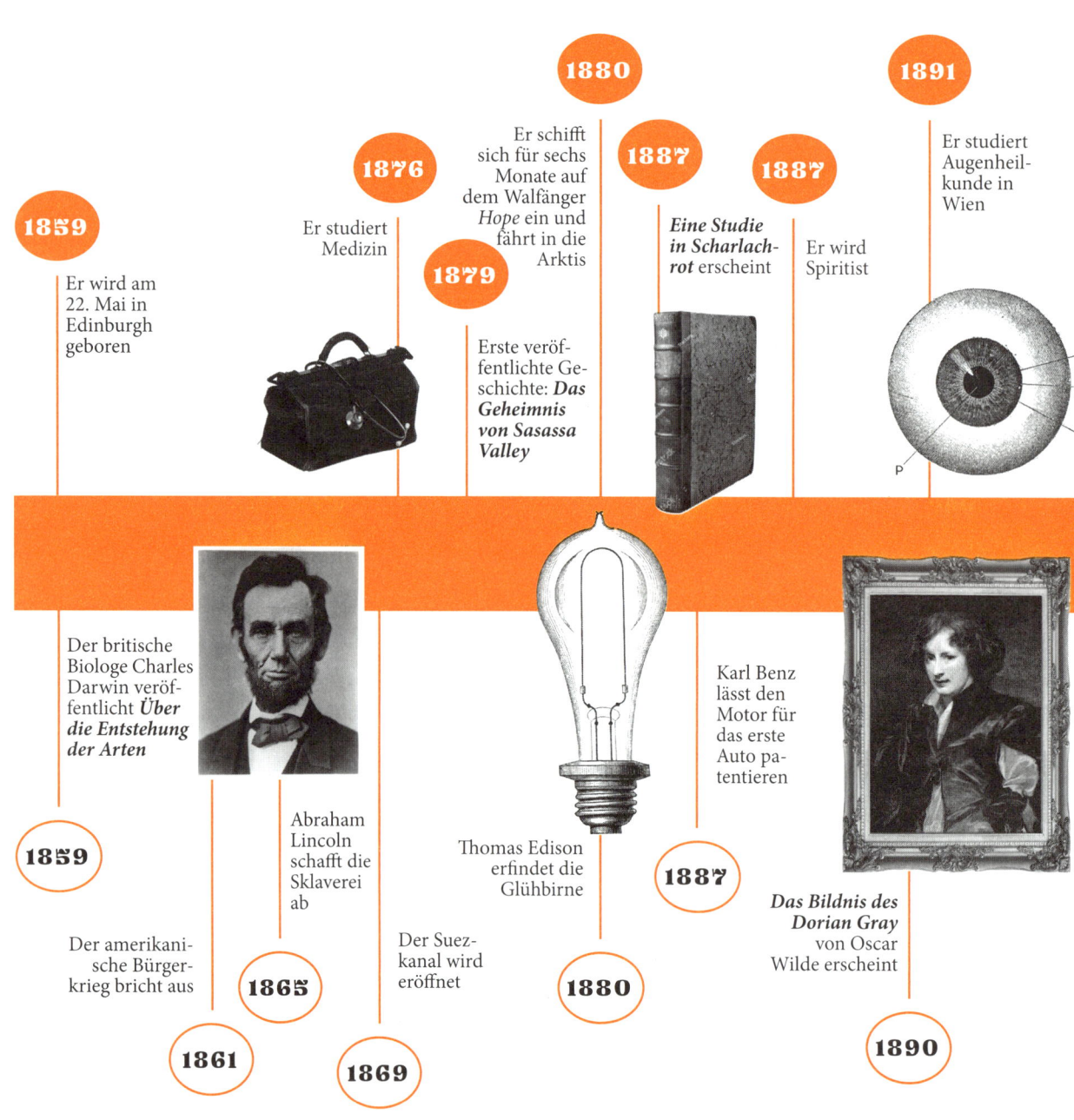

1859

Er wird am 22. Mai in Edinburgh geboren

1876

Er studiert Medizin

1879

Erste veröffentlichte Geschichte: *Das Geheimnis von Sasassa Valley*

1880

Er schifft sich für sechs Monate auf dem Walfänger *Hope* ein und fährt in die Arktis

1887

Eine Studie in Scharlachrot erscheint

1887

Er wird Spiritist

1891

Er studiert Augenheilkunde in Wien

1859

Der britische Biologe Charles Darwin veröffentlicht *Über die Entstehung der Arten*

Der amerikanische Bürgerkrieg bricht aus

1861

1865

Abraham Lincoln schafft die Sklaverei ab

1869

Der Suezkanal wird eröffnet

1880

Thomas Edison erfindet die Glühbirne

1887

Karl Benz lässt den Motor für das erste Auto patentieren

1890

Das Bildnis des Dorian Gray von Oscar Wilde erscheint

1893

Er lässt Sherlock Holmes in *Der letzte Fall* sterben

1901

Der Hund von Baskerville erscheint

1912

Die vergessene Welt erscheint

1917

Er veröffentlicht *Seine Abschiedsvorstellung*, den letzten Auftritt von Sherlock Holmes in chronologischer Reihenfolge

1925

1930

1900

Nimmt als Arzt am Burenkrieg teil und trifft den jungen Churchill

1903

Er lässt Sherlock Holmes in *Das leere Haus* wieder auferstehen

Er eröffnet seinen *Psychic Bookstore* in London

Er stirbt zu Hause an einem Herzinfarkt

Die Herrschaft von Queen Victoria endet

1901

Am 15. April sinkt die *Titanic*

1912

Beginn des Ersten Weltkriegs

1914

In England dürfen Frauen erstmalig wählen

1918

Der große Gatsby von Francis Scott Fitzgerald erscheint

1925

Weltwirtschaftskrise

1929

GESCHICHTE

Die Top 10

Diese Liste enthält die 10 besten Sherlock-Holmes-Geschichten, also die, die Fans für die besten der besten halten. Wenn du sie noch nicht gelesen hast, ist das eine gute Gelegenheit, es nachzuholen. Aber zuerst musst du den richtigen Titel herausfinden.

1
Ein Skandal in _____
Böhmen - Belgravia - Bayern

2
Der Bund der _____ haarigen
Rot - Schwarz - Braun

3
Das _____ Band
getigerte - gesprenkelte - streifige

4
_____ stern
Kupfer - Gold - Silber

5
Das _____ Haus
leere - zerstörte - verlassene

6
Die _____ Männchen
sprechenden - tanzenden - toten

7
Das letzte _____
Rennen - Abenteuer - Problem

8
Der Mann mit der _____ Lippe
dicken - entstellten - roten

9
Das Musgrave-_____
Ritual - Geheimnis - Schloss

10
Der zweite _____
Bund - Fall - Fleck

Versteckte Buchstaben

Der elektropathische Gürtel ist eines der bizarren medizinischen Heilmittel, die sich damals großer Beliebtheit erfreuten. Die unten abgebildete Anzeige verspricht, alle Leiden von Depressionen bis Gicht mit Schwachstrom zu heilen. Dieser Zeitungsausschnitt wurde Sherlock Holmes zusammen mit einem anderen seltsamen Stück Papier zugespielt, und der Detektiv erkannte sofort, dass sich dahinter eine geheime Botschaft verbarg, nämlich der Name einer Person. Kannst du ihn auch herausfinden? (Benutze Paus- oder Backpapier und zeichne die Schablone rechts nach). Das gefundene Wort kannst du in das Rätsel auf Seite 80 eintragen.

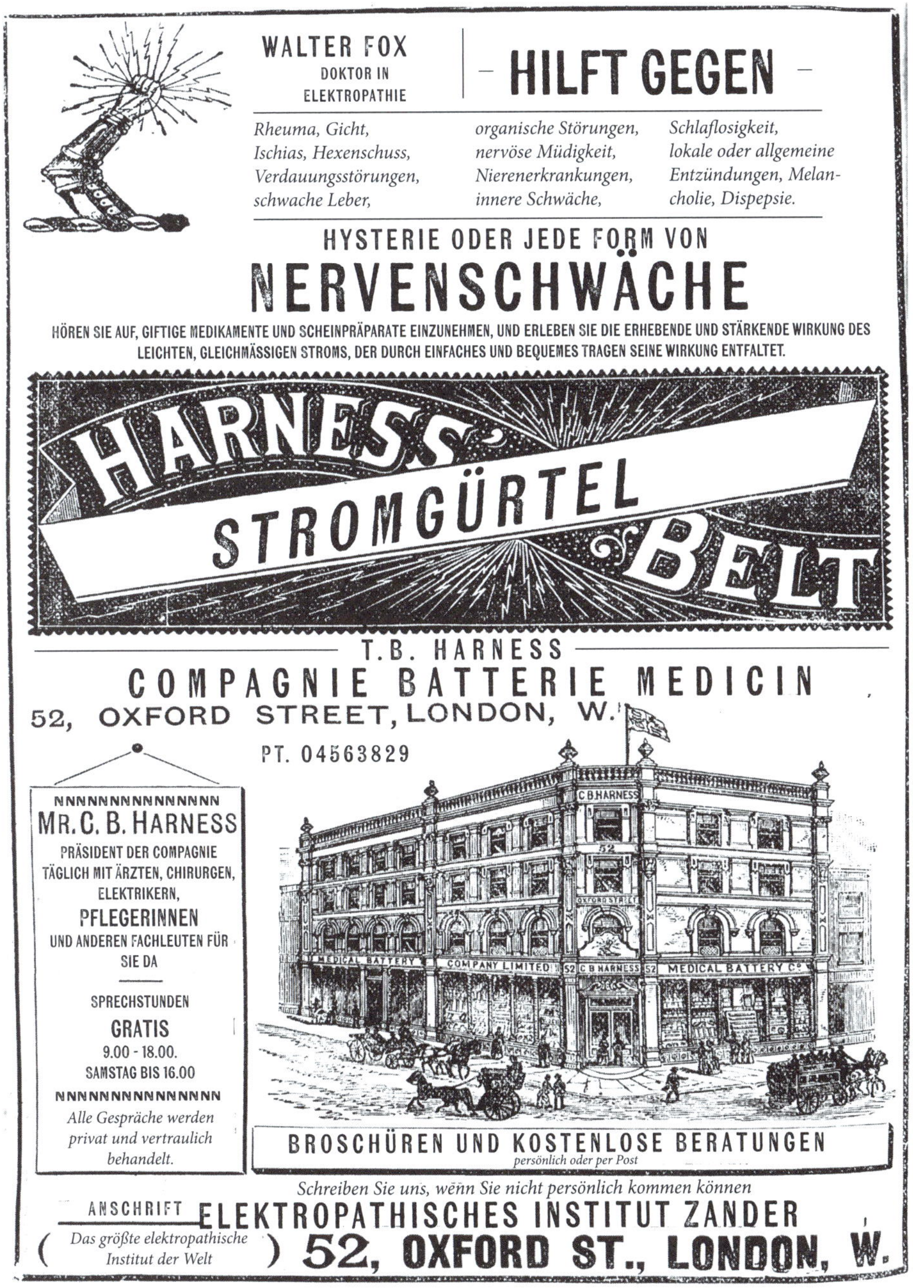

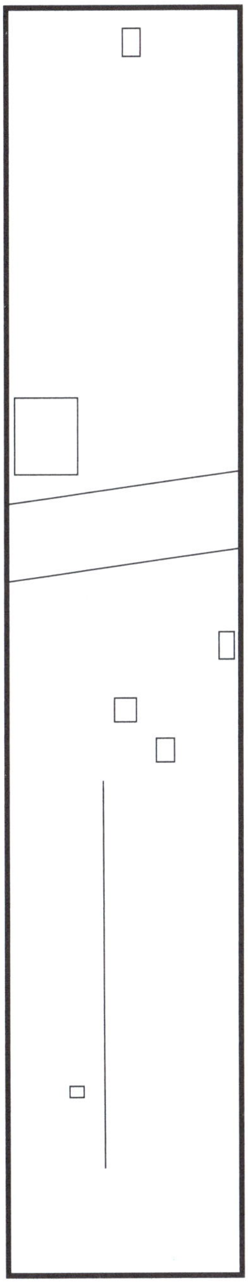

WALTER FOX
DOKTOR IN
ELEKTROPATHIE

– HILFT GEGEN –

Rheuma, Gicht,
Ischias, Hexenschuss,
Verdauungsstörungen,
schwache Leber,

organische Störungen,
nervöse Müdigkeit,
Nierenerkrankungen,
innere Schwäche,

Schlaflosigkeit,
lokale oder allgemeine
Entzündungen, Melan-
cholie, Dispepsie.

HYSTERIE ODER JEDE FORM VON
NERVENSCHWÄCHE

HÖREN SIE AUF, GIFTIGE MEDIKAMENTE UND SCHEINPRÄPARATE EINZUNEHMEN, UND ERLEBEN SIE DIE ERHEBENDE UND STÄRKENDE WIRKUNG DES
LEICHTEN, GLEICHMÄSSIGEN STROMS, DER DURCH EINFACHES UND BEQUEMES TRAGEN SEINE WIRKUNG ENTFALTET.

HARNESS' STROMGÜRTEL BELT

T.B. HARNESS
COMPAGNIE BATTERIE MEDICIN
52, OXFORD STREET, LONDON, W.
PT. 04563829

NNNNNNNNNNNNNNNN
MR. C.B. HARNESS
PRÄSIDENT DER COMPAGNIE
TÄGLICH MIT ÄRZTEN, CHIRURGEN,
ELEKTRIKERN,
PFLEGERINNEN
UND ANDEREN FACHLEUTEN FÜR
SIE DA

SPRECHSTUNDEN
GRATIS
9.00 - 18.00.
SAMSTAG BIS 16.00
NNNNNNNNNNNNNNN
Alle Gespräche werden
privat und vertraulich
behandelt.

C.B.HARNESS
52
ELECTROPATHIC BELT
MEDICAL BATTERY
COMPANY LIMITED 52 C.B HARNESS 52 MEDICAL BATTERY Cº

BROSCHÜREN UND KOSTENLOSE BERATUNGEN
persönlich oder per Post

Schreiben Sie uns, wenn Sie nicht persönlich kommen können

ANSCHRIFT
ELEKTROPATHISCHES INSTITUT ZANDER
(Das größte elektropathische) **52, OXFORD ST., LONDON, W.**
Institut der Welt

Fußspuren

Sherlock hat einen Schuh des Verdächtigen gefunden (eingekreist). Analysiere alle Fuß-abdrücke, um herauszufinden, ob der Mann am Tatort war.

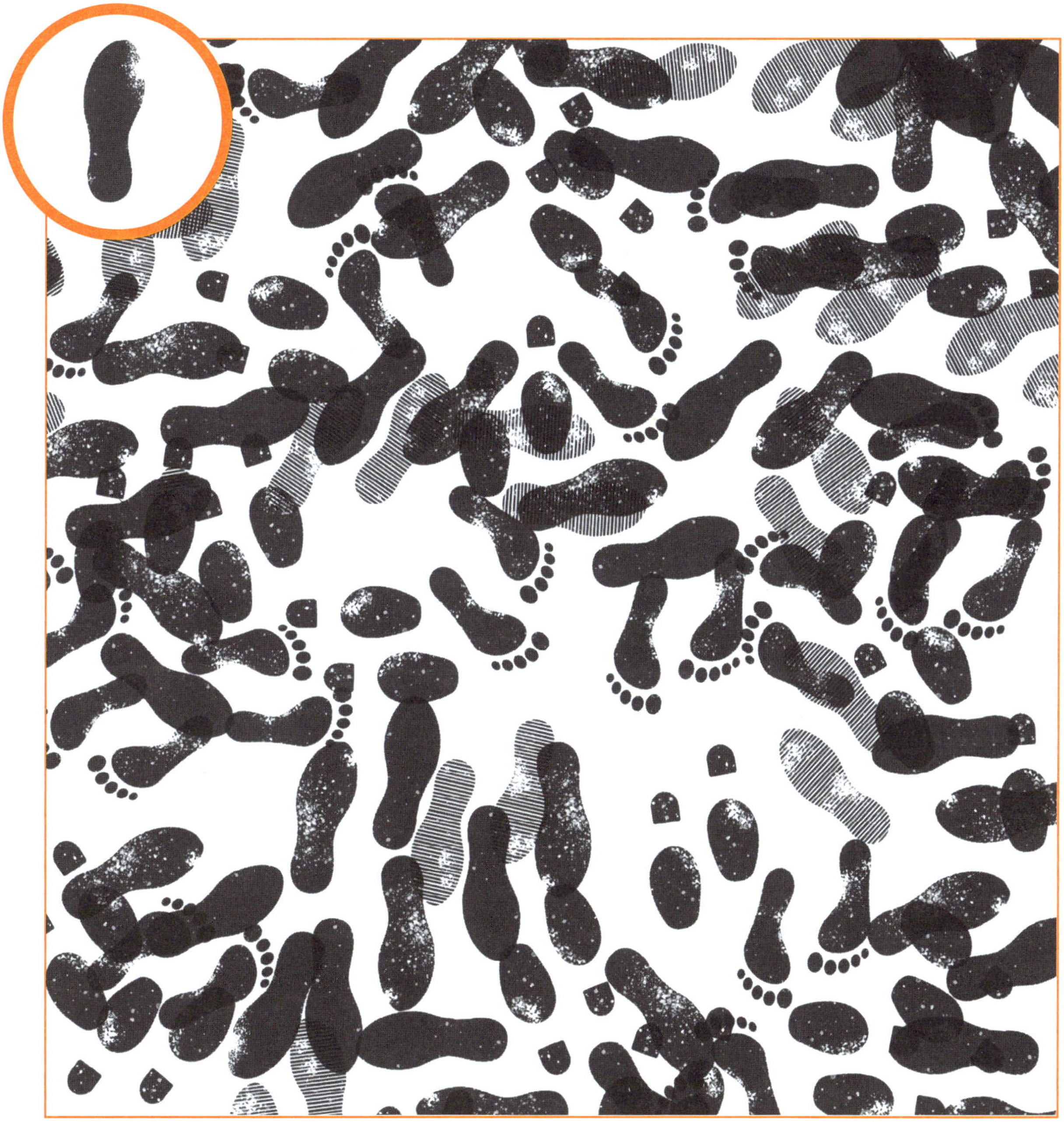

Die Feen

Wir schreiben das Jahr 1917. Die 16-jährige Elsie Wright und ihre neunjährige Kusine Frances Griffiths gehen jeden Tag zum Spielen an einen Bach in der englischen Landschaft. Als ihre Eltern sie fragen, was sie dort den ganzen Tag treiben, erzählen sie ihnen, dass sie sich mit Feen angefreundet haben.

Um diese ungewöhnliche Behauptung zu untermauern, nimmt Elsie eines Tages den Fotoapparat ihres Vaters mit und die Aufnahme zeigt Frances in Gesellschaft von glitzernden Feen, die zwischen den Grashalmen tanzen.

Frances' Mutter nimmt dieses und andere Fotos zu einem Treffen der Theosophischen Gesellschaft mit, um zu zeigen, dass sich in der Welt große metaphysische Veränderungen vollziehen.

Die in Cottingley aufgenommenen Fotos verbreiteten sich schnell und erreichten Arthur Conan Doyle, als sie in einer spiritistischen Zeitschrift erscheinen. Der Schriftsteller glaubt so sehr an paranormale Phänomene, dass er um Erlaubnis bittet, die Fotos für einen Artikel über Feen zu verwenden, den er für Weihnachten schreiben muss.

Die Zeiten sind düster und das Interesse an Feen und Kobolden wächst in England. Cottingley wird zu einem magischen und mystischen Ort, an dem Feen ihr geheimnisvolles Leben führen.

Obwohl der Wahrheitsgehalt der Fotos immer wieder angezweifelt wurde, haben Elsie und Frances erst in den 1980er-Jahren zugegeben, dass sie die Feen mit handgemalten Papierschablonen, die sie an Stecknadeln befestigten, gebastelt hatten.

Wenn du auch ein Foto wie das von Frances und Elsie schießen möchtest, findest du auf den Seiten 90–91 Feen zum Ausmalen und Ausschneiden.

Was weißt du über „Eine Studie in Scharlachrot"?

Teste dein Wissen über den ersten Roman, durch den Holmes und Watson berühmt wurden. Wähle die richtige Antwort aus.

1. Als Watson Sherlock zum ersten Mal begegnet, arbeitet dieser an einem Experiment über ...

- **A.** die Blutergüsse einer Leiche
- **B.** Hämoglobin
- **C.** die Länge von Schnurrbärten

2. Was wird am Tatort gefunden?

- **C.** Ein Ehering
- **D.** Eine Kette
- **E.** Ein Ohrring

3. Am Tatort steht an einer Wand ...

- **A.** JUST
- **B.** RACHE
- **C.** CATHE

4. Der Mörder stirbt ...

- **A.** am Galgen
- **B.** durch ein Aortenaneurysma
- **C.** durch Selbstmord

5. Die Tatwaffe ist ...

- **A.** ein Dolch
- **B.** ein Kerzenständer
- **C.** eine Pillendose

6. Sherlock testet das Gift an ...

- **A.** einem Hund
- **B.** Watson
- **C.** Mrs. Hudson

7. Der Mörder ist ein ...

- **A.** Exsoldat
- **B.** Polizist
- **C.** Kutscher

8. Im Rückblick erscheint eine Gemeinschaft von ....

- **A.** Amishpeople
- **B.** Mormonen
- **C.** Freimaurern

Der versteckte Umriss

Einige Minuten der Entspannung, bevor du dein Wissen wieder unter Beweis stellst. Male die gepunkteten Bereiche aus und finde das versteckte Bild.

Der Pigpen-Code

Der Pigpen-Code, der auch als Freimaurer-Alphabet bekannt ist (er wurde von den amerikanischen Freimaurern verwendet), ist ebenfalls eine einfache Substitutionschiffre, bei der die Buchstaben anhand des unten abgebildeten Schlüssels ersetzt werden.

A= ⌐ K= ⊡ Y= ⟨• Z= ⌃•

A	B	C
D	E	F
G	H	I

J	K	L
M	N	O
P	Q	R

S T U V

W X Y Z

Einzigartig

Unter den abgebildeten Gegenständen gibt es nur einen, der nicht in beiden Kästen vorhanden ist. Kannst du ihn finden?

Was weißt du über Doyle?

Tauchen wir ein in das Leben unseres Autors, der für seine rationalen Detektivgeschichten berühmt wurde, dabei aber einen Großteil seines Lebens dem Spiritismus widmet. Beantworte die Quizfragen.

1. *Arthur Conan Doyle hat*

   A. einmal geheiratet
   B. zweimal geheiratet
   C. dreimal geheiratet

2. *Arthur Conan Doyle fördert die Verbreitung des*

   A. Skifahrens als Wintersport
   B. des Kampfsports Bartitsu
   C. des Golfspiels

3. *Er kämpft*

   A. im Burenkrieg
   B. im Ersten Weltkrieg
   C. in keinem Krieg

4. *Sherlock und Watson arbeiten nicht zusammen im*

   A. im ersten Entwurf von *Der Hund von Baskerville*
   B. im ersten Entwurf von *Eine Studie in Scharlachrot*
   C. im ersten Entwurf von *Das Zeichen der Vier*

5. *Er hält seine Erzählungen und Romane über Sherlock Holmes für*

   A. seine besten literarischen Arbeiten
   B. ein literarisches Vergnügen
   C. ein Hindernis für seine Karriere als Schriftsteller

6. *Er setzt sich ein für*

   A. das allgemeine Wahlrecht
   B. die Abschaffung der Todesstrafe
   C. gleiche Rechte bei der Scheidung von Mann und Frau

7. *Er wird zum Ritter geschlagen*

   A. für seine literarischen Verdienste
   B. für seine Kriegspropaganda
   C. für seinen Kampfeinsatz im Krieg

8. *Er studiert in Wien*

   A. Augenheilkunde
   B. Chirurgie
   C. Gynäkologie

9. *Joseph Bell, der ihn zu Sherlock inspirierte, war*

   A. ein Universitätsprofessor
   B. der Kapitän eines Walfängers
   C. ein Freund des Vaters

10. *Wer ist die andere berühmte Doyle-Figur, die in mehr als einem Buch vorkommt?*

   A. Professor Challenger
   B. Inspector Mac Donald
   C. der Entdecker Pinker Jones

11. *Wie heißt eines seiner anderen Bücher?*

   A. *Die Reise zum Mittelpunkt der Erde*
   B. *Die vergessene Welt*
   C. *Die Zeitmaschine*

12. *Doyle ist ein passionierter Sportler. Aber welchen Sport hat er nie getrieben?*

   A. Golf
   B. Fußball
   C. Rugby

13. *Er überzeugt die britische Marine,*

   A. eine Forke vor die Schiffe zu montieren, um sie vor Minen zu schützen
   B. die Seeleute mit schutzsicheren Westen auszustatten
   C. die Seeleute mit Schwimmwesten auszustatten

14. *Phineas ist ...*

   A. sein Sohn
   B. sein Schutzgeist
   C. sein Hund

Finde Sherlocks Pfeifen

Stell dir vor, wie aufregend es wäre, über die Schwelle der Baker Street 221b zu treten und die Wohnung von Sherlock und Watson zu besuchen. So könntest du dieses vollgestopfte Wohnzimmer sehen. Kannst du mit scharfem Blick alle zehn Pfeifen finden, die in dieser Szene versteckt sind? Wenn du alle entdeckt hast, kannst du das Wohnzimmer bunt ausmalen.

Abschlussprüfung:

Nach viel Lernen und Üben ist deine Ausbildung zum Sherlock-Experten fast abgeschlossen. Teste dein gesamtes Wissen, indem du die richtigen Antworten in dieser Abschlussprüfung auswählst:

1. Wie viele Geschichten erzählen von den Abenteuern des Sherlock Holmes?

A. 43
B. 56

2. Wie heißt einer der Hunde, mit denen Holmes Spuren verfolgt?

A. Pompeji
B. Herculaneum

3. Schreibt Watson alle Fälle von Sherlock Holmes nieder?

A. Ja
B. Nein

4. In einem seiner Fälle untersucht Sherlock das Verschwinden eines

A. Kriegsschiffs
B. U-Boots

5. Mycroft ist verglichen mit Holmes ...

A. jünger
B. älter

6. Im Diogenes Club darf man nicht

A. reden
B. mit Bargeld bezahlen

7. Wo bewahrt Sherlock seinen Tabak auf?

A. In einem Schädel
B. In einer persischen Schatulle

8. Eines von Sherlocks Hobbys ist

A. mittelalterliche Musik
B. Schach

Sherlock Holmes

9. *Erscheint Watson in allen Erzählungen?*

   A. Ja

   B. Nein

10. *In welcher Geschichte geht Sherlock in den Ruhestand?*

   A. *Das letzte Problem*

   B. *Sein letzter Fall*

11. *Sherlocks erster Nachname, der später geändert wurde, war*

   A. Sherrinford

   B. Stanford

12. *Welcher Roman wurde zuerst veröffentlicht?*

   A. *Der Hund von Baskerville*

   B. *Eine Studie in Scharlachrot*

13. *In welcher Erzählung steht Sherlock von den Toten auf?*

   A. *Tal der Angst*

   B. *Das leere Haus*

14. *Der Fanclub von Sherlock Holmes heißt „Baker Street _____"*

   A. Group

   B. Irregulars

15. *In welchem Jahr erscheint der erste Roman?*

   A. 1864

   B. 1887

16. *Welcher italienische Schriftsteller huldigte Doyle und Sherlock Holmes in einem seiner Romane?*

   A. Umberto Eco

   B. Alberto Moravia

17. *Moriarty wird bezeichnet als*

   A. Napoleon des Verbrechens

   B. Machiavelli des Verbrechens

18. *Die Figur des Sherlock ist von einem anderen berühmten Detektiv der Literatur inspiriert, C. Auguste Dupin. Aber wie heißt der Schriftsteller?*

   A. Wilkie Collins

   B. Edgar Allan Poe

Chiffrerätsel

Du hast in diesem Buch viele Codes und Chiffren gelernt, und nun ist es endlich an der Zeit, sie in die Praxis umzusetzen. Wir haben auf einzelnen Seiten einige Wörter versteckt. Du musst deine Augen und deinen Verstand schärfen, um sie zu finden, und dabei immer daran denken, was du über Kryptografie gelernt hast. Wenn du die Wörter gefunden hast, trage sie in dieses Diagramm ein (allerdings musst du noch die richtige Reihenfolge herausfinden). So ergibt sich das Lösungswort in den grauen Kästchen. Wenn du nicht weiterkommst, kannst du unten die Seitenzahlen nachsehen, auf denen die Wörter versteckt sind.

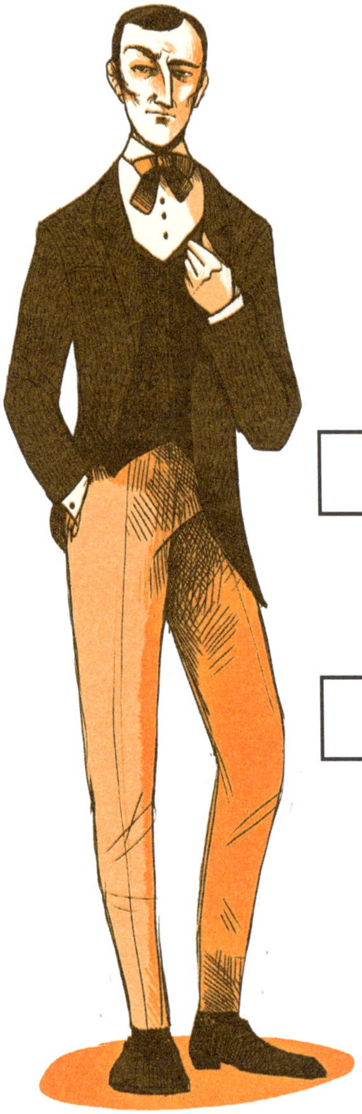

(Wenn du Schwierigkeiten hast, kannst du auf den Seiten 7, 14, 24, 25, 26, 50, 56, 65, 72, 73 nachsehen, die Codes suchen und entschlüsseln.)

Die Baker Street

Male aus, schneide aus und baue dir deine 221b Baker Street.

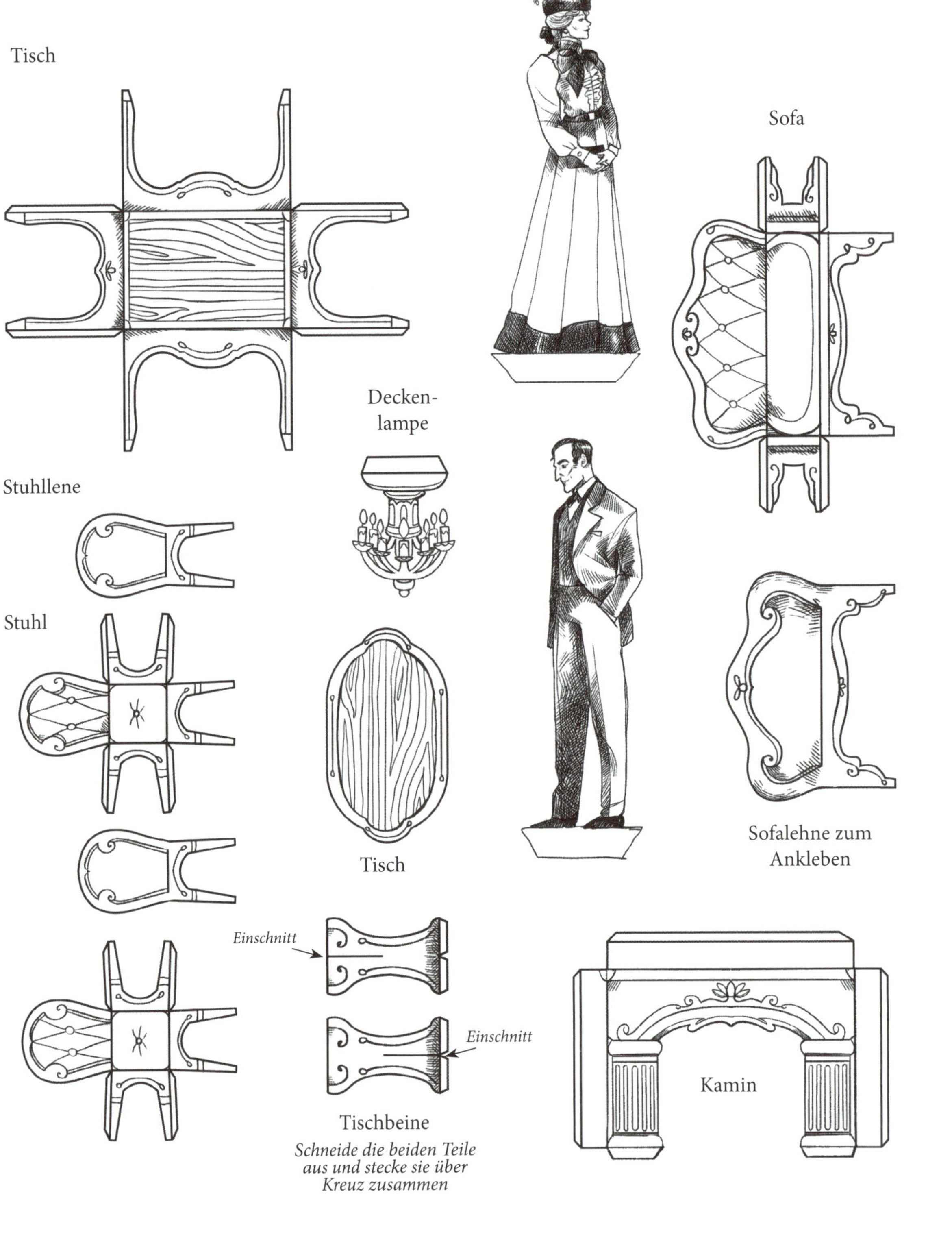

Tisch

Sofa

Decken-
lampe

Stuhllene

Stuhl

Tisch

Sofalehne zum
Ankleben

Einschnitt

Einschnitt

Tischbeine

*Schneide die beiden Teile
aus und stecke sie über
Kreuz zusammen*

Kamin

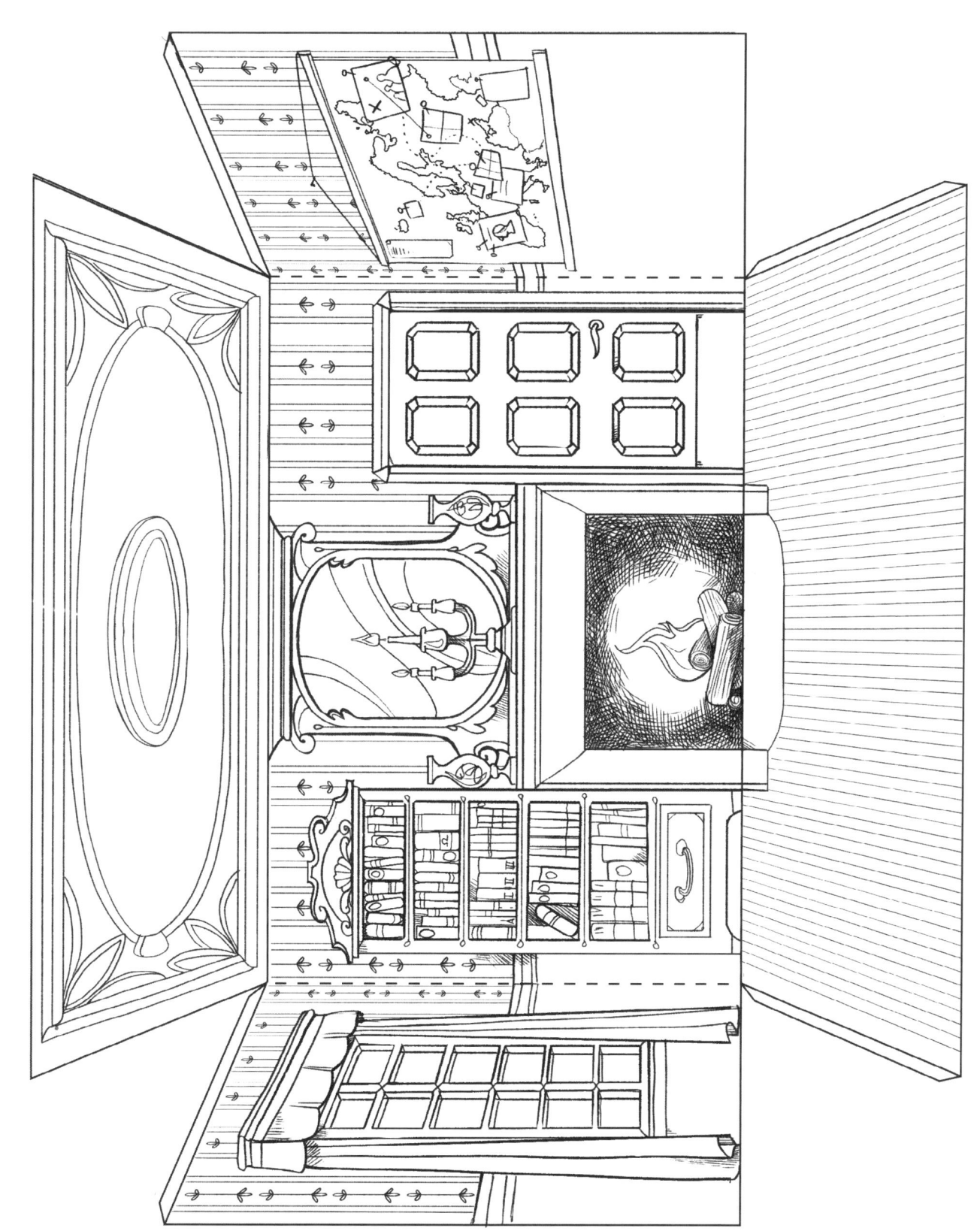

Entscheidungsfinder

Es wird Zeiten geben, in denen du dich trotz deines Verstands und deiner Fähigkeiten nicht aus Schwierigkeiten befreien oder eine verwirrende Situation auflösen kannst. Wir haben dieses scheinbar simple Werkzeug entwickelt, um dir zu helfen, wie Sherlock Holmes zu denken. Dank seiner Worte lernst du Situationen aus verschiedenen Blickwinkeln zu betrachten oder neue Wege auszuprobieren.

Was täte Sherlock?

1 ES IST GUT, RÜCKWÄRTS ZU DENKEN.

2 DU KENNST MEINE METHODEN. WENDE SIE AN!

3 DU SIEHST, ABER DU BEACHTEST NICHT.

4 KONZENTRIERE DICH AUF DIE DETAILS.

5 TRAUE NIEMALS ALLGEMEINEN EINDRÜCKEN.

6 FAKTEN! FAKTEN! FAKTEN!

7 ES IST MEHR ALS MÖGLICH, ES IST WAHRSCHEINLICH.

8 JEDE WAHRHEIT IST BESSER ALS EIN UNGEWISSER ZWEIFEL.

Feen aus Papier

Male die Feen bunt aus, schneide sie aus und erschaffe mit ihnen eine große Fälschung wie die Feen von Cottingley. Du kannst Zahnstocher auf die Rückseite der Feen kleben, um sie gezielter zu positionieren.

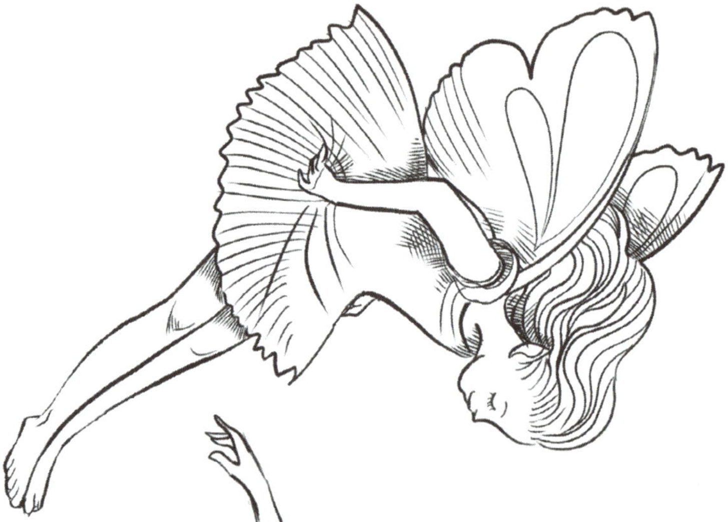

Papierpuppen

Sherlock Holmes ist berühmt für seine Kunst, sich zu verkleiden. Er setzt sie oft ein, um knifflige Fälle zu lösen. Auch Watson hat sich schon mehrfach von seinem Äußeren täuschen lassen. Mit diesen Papierpuppen kannst du in seinem ungewöhnlichen Kleiderschrank stöbern und das passende Outfit auswählen, um das Verbrechen zu besiegen.

Papierpuppen

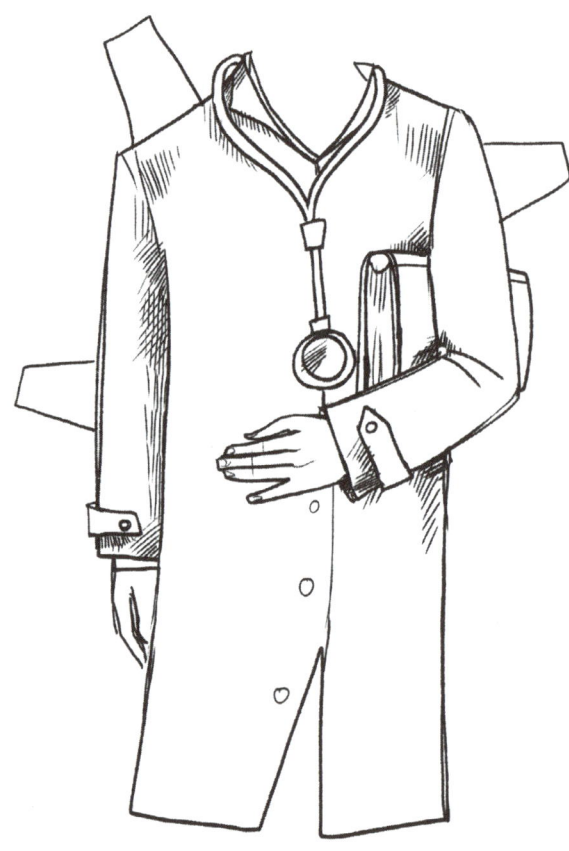

Nachdem wir Sherlocks Puppe geschaffen hatten, konnten wir nicht umhin, auch Watsons Puppe mit Arztkittel oder passender Kleidung für die Verbrecherjagd durch London bei schlechtem Wetter zu entwerfen.

Notizen

Notizen

Lösungen

5 - Zehn Fakten über Doyle

Die vierte Aussage ist falsch. Doyle war nie ein erfolgreicher Arzt.

8 - Hinweise auf ein Verbrechen

Das Tal der Angst
Graben
Freimaurer
Dreieck in einem Kreis
Abgesägte Flinte
Verlassenes Fahrrad

Eine Studie in Scharlachrot
RACHE
Pillendose
Mormonen
Zigarrenasche
Aneurysma

Der Hund von Baskerville
Fluch
Moor
Grande Palude
Entflohener Verbrecher
Erbe

Das Zeichen der Vier
Perlendiadem
Kreosot
Vergifteter Stachel
Dampfschiff
Blasrohr

11 - Detektivgeschichten

Miss Marple	Agatha Christie
Montalbano	Andrea Camilleri
Nero Wolfe	Rex Stout
Seargeant Cuff	Wilkie Collins
Commissario Ricciardi	Maurizio De Giovanni
Detective Bosch	Michael Connelly
Harry Hole	Jo Nesbø
Inspector Bucket	Charles Dickens
Kommissar Maigret	Georges Simenon
Philip Marlowe	Raymond Chandler
John Silence	Algernon Blackwood
Peter Wimsey	Dorothy L. Sayers
Lecoq	Émile Gaboriau

12 - Was weißt du über Sherlock Holmes?

1.	wahr	9.	falsch
2.	falsch	10.	wahr
3.	falsch	11.	wahr
4.	wahr	12.	falsch
5.	falsch	13.	falsch
6.	falsch	14.	wahr
7.	wahr	15.	wahr
8.	falsch		

14 - Wörterpuzzle

15 - Die Drogen

1.	falsch	7.	wahr
2.	wahr	8.	wahr
3.	falsch	9.	falsch
4.	wahr	10.	falsch
5.	wahr	11.	falsch
6.	wahr		

Lösungen

16 - Zeugnis für Sherlock

0 Literatur	2 Botanik
2 Geologie	0 Philosophie
3 Skandalliteratur	0 Astronomie
3 Fechten / Boxen	3 Recht
1 Politik	3 Chemie
2 Anantomie	3 Geige

17 - Die Zeugen

Der Mörder ist am Circus. Die einzig wahre Aussage ist die des Zeugen, der auf der Brücke war. Wenn der Mörder am Bahnhof gewesen wäre, wären die Aussagen der Zeugen am Circus und auf der Brücke wahr. Wäre er an der Brücke gewesen, wären die Aussagen der Zeugen vom Bahnhof und vom Circus wahr. Wenn der Mörder schließlich im Theater gewesen wäre, hätten die Zeugen am Bahnhof, am Circus und am Theater die Wahrheit gesagt.

18 - Viktorianische Gifte

1.	wahr	8.	wahr
2.	wahr	9.	wahr
3.	wahr	10.	wahr
4.	wahr	11.	falsch
5.	falsch	12.	wahr
6.	falsch	13.	falsch
7.	wahr		

20 - Zehn Fakten über den Spiritismus

Der falsche Fakt ist der 5. Es handelt sich nicht um James Joyce, weil er 1917 noch lebte. Der Roman, der fantasievoll umgeschrieben wurde, soll von Mark Twain gewesen sein.

21 - Die Regeln einer Séance

Die dritte Regel ist falsch: *Das Medium muss seine Füße in ein Becken mit kaltem Wasser tauchen, um die Kontaktaufnahme zu erleichtern.*

22 - Sudoku

LEICHT

7	3	2	9	1	4	6	8	5
9	1	8	5	6	7	3	2	4
6	5	4	2	8	3	1	9	7
5	4	9	8	3	6	7	1	2
1	2	6	7	9	5	4	3	8
3	8	7	4	2	1	5	6	9
8	6	5	3	4	9	2	7	1
2	7	3	1	5	8	9	4	6
4	9	1	6	7	2	8	5	3

MITTEL

2	9	6	4	5	8	7	1	3
4	7	1	6	3	9	2	5	8
5	8	3	1	2	7	9	4	6
3	1	7	5	4	2	6	8	9
9	4	2	7	8	6	1	3	5
6	5	8	9	1	3	4	7	2
8	3	9	2	7	1	5	6	4
1	2	4	8	6	5	3	9	7
7	6	5	3	9	4	8	2	1

23 - Die Abenteuer

- *Ein Skandal in Böhmen*
- *Der Bund der Rothaarigen*
- *Eine Frage der Identität*
- *Das Geheimnis von Boscombe Valley*
- *Die fünf Orangenkerne*
- *Der Mann mit der entstellten Lippe*

Lösungen

- Der blaue Karfunkel
- Das gesprenkelte Band
- Der Daumen des Ingenieurs
- Der adlige Junggeselle
- Die Beryll-Krone
- Die Blutbuchen

27 - Das Labyrinth

28 - Kriminalistik und Sherlock

Das Zeichen der Vier / Eine Frage der Identität / Der letzte Fall / Eine Studie in Scharlachrot

29 - Verbrechen und Strafe

1.	falsch	7.	wahr
2.	wahr	8.	falsch
3.	falsch	9.	wahr
4.	wahr	10.	wahr
5.	falsch	11.	falsch
6.	wahr	12.	wahr

30/31 - Rätselraten

1. Der scharlachrote Buchstage / Hester Prynne
2. Alice im Wunderland / Alice
3. Der Meister und Margarita / Behemoth
4. Anna Karenina
5. Moby Dick
6. Orlando
7. Odyssee / Odysseus
8. Don Quijote

33 - Farbquiz

1.	B	5.	B
2.	A	6.	A
3.	C	7.	C
4.	C	8.	A

34 - Zehn Ereignisse während des Lebens von Arthur C. Doyle

Das 8. Ereignis ist falsch: Agatha Christie veröffentlicht Mord im Orientexpress *im Jahr 1934.*

36 - Finde die Unterschiede

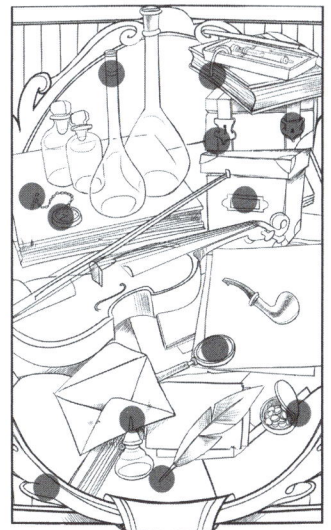

Lösungen

37/38 - Tatortbetrachtung/ Und jetzt Konzentration!

1. Eine Feder
2. Eine Vase
3. Zwei
4. Ein Messer
5. Es regnet
6. Zwei
7. Auf
8. Ja, die Kerze brennt noch
9. Der Buchstabe A
10. Einen Blutfleck
11. Es hängt verkehrt herum
12. Handschuhe
13. Ja
14. Unter dem Stuhl
15. Nein
16. Ja

39 - Was weißt du über Watson?

1.	falsch	8.	falsch
2.	wahr	9.	wahr
3.	wahr	10.	falsch
4.	falsch	11.	wahr
5.	falsch	12.	wahr
6.	falsch	13.	wahr
7.	falsch		

40 - Malen nach Zahlen

41 - Wörterpuzzle

43 - Acht Zitate

Die Zitate, die in den Erzählungen nicht vorkommen, sind:

- Angst ist nur die Weisheit im Angesicht der Gefahr; man sollte sich ihrer nicht schämen.
- Ganz einfach, mein lieber Watson!
- Was geht in euren verrückten kleinen Gehirnen vor? Es muss so langweilig sein.

44 - Quiz: Wirklich alle?

1.	C	5.	D
2.	C	6.	C
3.	A	7.	A
4.	B		

45 - Nicht erschienene Fälle

- Die Todesangst des alten Abraham
- Das Abenteuer der zwei koptischen Patriarchen
- Das Opaldiadem der Mrs. Farintosh
- Die Riesenratte von Sumatra
- Die seltsame Verfolgung von John Vincent Harden
- Die Frau in Margate ohne Pulver auf der Nase
- Der Wahnsinn der Isadora Persano
- Der plötzliche Tod des Kardinals Tosca
- Die Kameen des Vatikans
- Die Abenteuer des Kanarienvogeldompteurs Wilson

48 - Schattenspiel

46 - Sudoku

4	2	8	6	9	3	5	7	1
1	5	9	7	4	2	8	3	6
3	7	6	1	5	8	9	4	2
7	3	1	4	6	9	2	5	8
2	6	5	8	7	1	3	9	4
9	8	4	2	3	5	1	6	7
6	1	3	9	8	7	4	2	5
5	4	2	3	1	6	7	8	9
8	9	7	5	2	4	6	1	3

SCHWER

7	5	9	4	6	8	2	1	3
3	8	4	9	1	2	7	6	5
6	1	2	7	3	5	4	9	8
2	4	3	6	9	1	8	5	7
9	7	1	5	8	4	3	2	6
5	6	8	3	2	7	9	4	1
1	9	7	8	4	6	5	3	2
4	2	5	1	7	3	6	8	9
8	3	6	2	5	9	1	7	4

SCHWER

49 - Verbrechen im leeren Haus

	Moriarty	Moran	Milverton	Kitty Winter	Salon	Verschlossenes Zimmer	Souterrain	Leeres Haus
Mastiff	✗	✓	✗	✗	✗	✗	✗	✓
Pillen	✗	✗	✓	✗	✗	✗	✓	✗
Blasrohr	✗	✗	✗	✓	✓	✗	✗	✗
Schlange	✓	✗	✗	✗	✗	✓	✗	✗
Salon	✗	✗	✗	✓				
Verschlossenes Zimmer	✓	✗	✗	✗				
Souterrain	✗	✗	✓	✗				
Leeres Haus	✗	✓	✗	✗				

Lösungen

51 - Labyrinth

52 - Finde den Eindringling

Langdale Pike / Arsen / Piccadilly / Stutton / Der Stern von Indien / Belle Gunness / Roter Kolibri / Michael Strogoff

53 - Wo?

- Saxe-Cobourg-Sqaure / *Der Bund der Rothaarigen*
- Kirche Santa Monica / *Ein Skandal in Böhmen*
- Grimpen / *Der Hund von Baskerville*
- Andamanen / *Das Zeichen der Vier*
- Utah / *Eine Studie in Scharlachrot*
- Australien, Strafkolonie von Victoria / *Das Geheimnis von Boscombe Valley*
- Schweiz / *Das letzte Problem*
- Vermissa Valley / *Das Tal der Angst*

57 - Bücher im Trend

- *Am grünen Rand der Welt* / Thomas Hardy
- *Die Forsyte-Saga* / John Galsworthy
- *Der geheime Garten* / Frances Eliza Hodgson Burnett
- *König Salomos Schatzkammer* / H. Rider Haggard
- *Wiedersehen in Howards End* / E. M. Forster
- *Drehung der Schraube* / Henry James
- *Orlando* / Virginia Woolf
- *Der Krieg der Welten* / H. G. Wells

60 - Wörterpuzzle

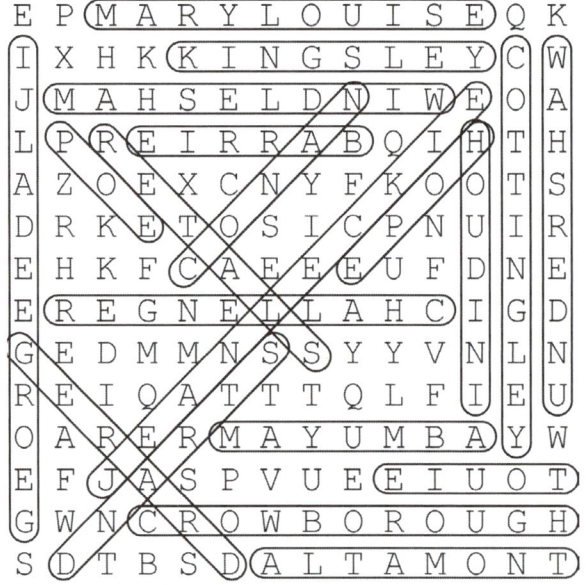

61 - Berühmte Freunde

- Rudyard Kipling / *Über Bord*
- Joseph Conrad / *Nostromo*
- J. M. Barrie / *Peter Pan*
- Oscar Wilde / *Lord Arthur Saviles Verbrechen*

Lösungen

- Bram Stoker / *Die sieben Finger des Todes*
- Jerome K. Jerome / *Drei Mann in einem Boot*
- Robert L. Stevenson / *Der Schwarze Pfeil*

64 - Die Top-10

1.	Böhmen	6.	tanzenden
2.	Rot	7.	Problem
3.	gesprenkelte	8.	entstellten
4.	Silber	9.	Ritual
5.	leere	10.	Fleck

65 - Versteckte Buchstaben

Das gesuchte Wort ist **Watson**.

67 - Fußspuren

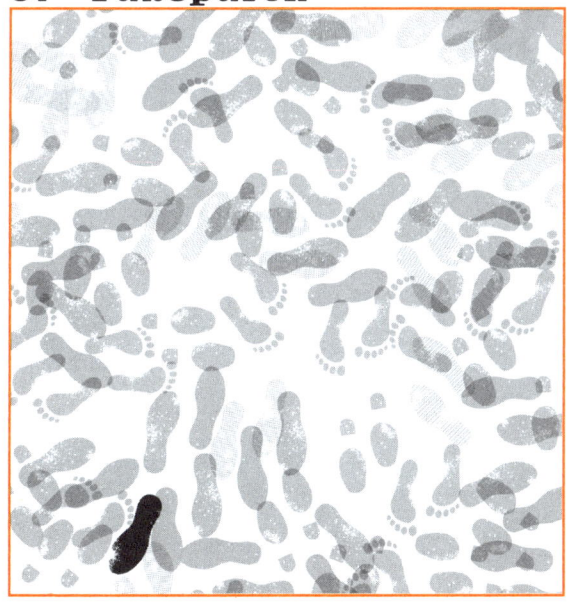

69 - Was weißt du über „Eine Studie in Scharlachrot"?

1.	B	5.	A
2.	A	6.	C
3.	B	7.	C
4.	C	8.	B

70 - Der versteckte Umriss

73 - Einzigartig

Die orangefarbene Sicherheitsnadel ist nur im oberen Kasten vorhanden.

74/75 - Was weißt du über Conan Doyle?

1.	B	4.	A
2.	A	5.	C
3.	C	6.	C

Lösungen

7.	B	11.	B
8.	A	12.	C
9.	A	13.	C
10.	A	14.	B

76/77 - Finde Sherlocks Pfeifen

78/79 - Abschlussprüfung: Sherlock Holmes

1.	B	10.	B
2.	A	11.	A
3.	B	12.	B
4.	B	13.	B
5.	B	14.	B
6.	A	15.	B
7.	B	16.	A
8.	A	17.	A
9.	A	18.	B

80 - Kreuzworträtsel

Irene (Seite 26)
Adler (Seite 7)
Holmes (Seite 25)
Moran (Seite 72)
Sherlock (Seite 24)
Wiggins (Seite 14)
Lestrade (Seite 50)
Watson (Seite 65)
Moriarty (Seite 73)
Mary (Seite 56)

I	R	E	N	E			
	A	D	L	E	R		
H	O	L	M	E	S		
			M	O	R	A	N
	S	H	E	R	L	O	C	K
W	I	G	G	I	N	S	
	L	E	S	T	R	A	D	E
	W	A	T	S	O	N	
M	O	R	I	A	R	T	Y
	M	A	R	Y			

Bibliografie

- *The Adventures of Arthur Conan Doyle: A Biography* von Russell Miller
- *On Conan Doyle: Or, the Whole Art of Storytelling* von Michael Dirda
- The victorian web - www.victorianweb.org
- The official Conan Doyle Estate - conandoyleestate.com
- The Baker Street Irregulars - bakerstreetirregulars.com
- Arthur Conan Doyle Encyclopedia - www.arthur-conan-doyle.com

Die Autorinnen

Liebe Bücherfreunde,

wir sind Elisabetta Stoinich, Laura und Luisa Lodetti, italienische Illustratorinnen und Autorinnen, die seit über 20 Jahren im Verlagswesen tätig sind und eine große Leidenschaft für literarische Klassiker teilen. Diese Leidenschaft hat uns im Jahr 2020 dazu veranlasst, unser eigenes Projekt mit dem Namen „Il Cartavolante" ins Leben zu rufen.

Der Cartavolante ist ein mehrfach gefaltetes Blatt, das eine neue Sicht auf bekannte und beliebte Bücher bietet, indem es Wissen, Illustration, Handlettering und Grafik miteinander verbindet.

Mit dem gleichen Enthusiasmus haben wir diese Activity-Bücher geschaffen, die von großen Schriftstellern und großen Geschichten inspiriert sind, um die Liebe zu Büchern zu verbreiten und dir stundenlangen Spaß bei der Erkundung deiner Lieblingsromane zu bieten.

Verbreite mit uns die Liebe zu Büchern!

Bildnachweis

Die Abbildungen sind von:
Getty Images : 25 Unten links, 34, 44, 62 (1880 und 1890) 63 (1901, 1912, 1925), 65, 78

Shutterstock.com : 6, 12, 21, 24, 25 oben links, in der Mitte und rechts, 28, 32, 39, 41, 58, 60, 62 (alle außer 1880 und 1890), 63 (1893, 1925), 74, 79

Konzept und Umsetzung: Il Cartavolante (Elisabetta Stoinich+Pemberley Pond)

WS whitestar™ ist ein Markenzeichen von White Star s.r.l.

© 2024 White Star s.r.l.
Piazzale Luigi Cadorna, 6
20123 Mailand, Italien
www.whitestar.it

Übersetzung: Annette Ostlaender
Lektorat: Beate Bücheleres-Rieppel

ISBN 978-88-6312-639-6
1 2 3 4 5   28 27 26 25 24

Gedruckt in Serbien